예민함이
너의 무기다

남다른 섬세함으로 탁월한 성과를 내는 사람들의 비밀

SENSITIVE
STRIVER

예민함이
너의 무기다

멜로디 와일딩 지음 | 백지선 옮김

위즈덤하우스

프롤로그

"세상이 요구하는 이상적인 당신이 아닌,
진짜 당신은 누구인지 기억하는가?"

_찰스 부코스키 Charles Bukowski

어느 토요일 밤, 뒤늦은 깨달음이 뒤통수를 세게 후려쳤다. 손님이 반쯤 찬 어퍼 이스트 사이드의 스타벅스 매장에 앉아 있던 나는 내가 얼마나 끔찍한 실수를 저질렀는지 깨달았다.

몇 달 전부터 친한 친구의 주말 결혼식을 앞두고 기대에 부풀어 있었다. 호텔도 미리 예약했고 여행 준비도 다 해둔 상태였다. 빨리 결혼식에 참석해 신부를 축하해주고 한자리에 모인 대학 동창들도 만나고 싶었다. 그러나 결혼식을 일주일 앞두고 직장에서 새로운 프로젝트들이 잇달아 시작됐다. 시도 때도 없이 나를 찾는 사람이 많아졌고 육체적으로나 정신적으로 거대한 압박감에 시달리는 날이 이어졌다. 끝도 없는 할 일 목록에 매달리다 보니 어느새 나는 회사와 동료들을 두고 휴가를 내는 게 미안해졌고, 결혼식에 정말 가도 될지 고민하기 시작했다. 오랜만에 친구들을 만나 긴장을 풀고 웃고 떠들며 재미있는 시간을 보내고 싶은 마음이 간절했지만, 한편으로는 결혼식에 가지 않으면 잔뜩 밀린 일을 처리할 수 있으리라는 기대가 피어올랐다. 결국 나는 막판에 결혼식 참석을 취소했다. 물론 직업적으로는 옳은 결정이었다. 그러나 친구들이 한창 축하 분위기에 젖어 있을 토요일 밤, 혼자 노트북을 두드리며 후회에 잠겨야 했다.

나는 늘 주변의 기대를 넘어서는 전형적인 우등생이자 착한 아이였다. 학창 시절에는 성실하고 규범을 잘 따랐고 열심히 공부해 좋은 성적을 받았다. 여러 과제를 동시에 수행하면서 우수한 성적으로 대학을 졸업한 뒤에는 정신 건강 분야에서 일하기 위해 컬럼비아 대학원에 진학해 사회복지학 석사 학위를 받았다. 그러나 가족과 친지들은 심리 치료사를 꿈꾸는 내게 걱정 어린 조언을 했다. '심리 치료는 돈벌이가 안 돼. 더 안정적이고 돈이 되는 의료 서비스나 의료 기술 분야로 가는 게 좋아.' 나는 그들의 조언을 받아들여 늘 분주한 맨해튼의

한 건강 관리 센터에 연구원으로 취업했다.

겉보기에 나는 다 가진 사람이었다. 능력 있고 대도시에서 살면서 유망한 직업을 가진 성공한 인생이었다. 그러나 마음은 늘 초조하고 기진맥진해 에너지가 고갈된 상태였다. 그럼에도 나는 내 마음을 외면했다. 당시 나는 '더 이상은 힘들어' 하고 경고하는 마음의 신호를 무시한 채 남들처럼 따라가지 못하는 나의 상태를 슬퍼하고 실망하기만 했다. 남들은 다 침착하고 흔들림이 없어 보였으니까. 나는 도대체 왜 이럴까?

이제야 안 사실이지만, 그런 감정을 느끼는 사람은 나뿐만이 아니었다. 예민하면서도 야심 찬 사람들은 타인의 시선과 일반적인 성공의 기준에 연연하느라 본인이 진정으로 원하는 삶, 즉 자신감과 통제감이 기저에 깔린 충만한 삶에 에너지를 쏟지 못한다. 사회적 성공 사다리의 꼭대기에 오르는 걸 성취라고 믿지만, 꼭대기에 오르고 나서도 공허함을 느끼거나 더 많이 이뤄야 한다는 압박감에 끊임없이 시달린다. 그러다 문제는 자기 자신에게 있다고 착각한다. '일'과 '나'를 대하는 방식을 새롭게 바꿔야 한다는 사실을 깨닫지 못하는 것이다.

친구의 결혼식에 참석하지 않은 건 어리석은 결정이었지만, 돌이켜보면 잘한 선택이었다. 그 끔찍한 선택을 하지 않았다면 나는 그 여름날 밤, 한 걸음 물러나 나를 그 지경까지 내몬 내 감정과 생각과 행동을 진지하게 돌아보지 못했을 것이다. 기존의 심리학 지식을 바탕으로 3년 전부터 틈틈이 코칭 일을 하고 있었던 나는 의뢰인에게 권하는 문제 해결 방식대로 나의 자기 파괴적 습관을 찬찬히 뜯어보았다. 분석 결과, 내 문제는 시작한 지 얼마 안 되는 코칭 일과 본업과 시간을 제대로 관리하지 못한 데서 비롯된 게 아니었다. 문제의 핵심은 내면에 있었다. 나는 그때까지 내 개인적 목표와 심신의 행복은 제쳐두고 '해야 할 것 같은' 일에만 집중하며 살고 있었다. 그 일이 내게 정말 보람된 일인지 생각할 겨를도 없이 말이다.

이후 수년간 서서히 정신적 그릇과 정서적 그릇을 키운 뒤에야 나는 내가 근면하면서 선천적으로 예민한 부류이며 내가 진정으로 원하고 필요로 하는 것과 내가 하는 일이 일치하지 않는다는 사실을 받아들였다. 또한 코칭 일을 하면서 나처럼 예민하면서 성취도가 높은 사람들이 과도한 생각과 높은 정서적 반응성, 완벽주의, 빈약한 경계선 등의 문제를 겪는다는 중요한 사실을 발견했다. 그러다 보니 내가 '예민한 노력가'라고 칭하는 사람들이 타고난 예민함을 삶의 원동력으로 삼도록 돕고 싶어졌고, 결국에는 의료 서비스 업계를 떠나 부업으로 했던 코칭 사업을 확장하는 데 이르렀다.

《예민함이 너의 무기다》는 공감 능력이 뛰어나고 의욕적이었던 내가 진로를 탐색하는 동시에 자기 회의에서 벗어나려 고군분투하던 시절에 있었다면 참으로 좋았을 책이다. 이 책은 스트레스와 부담감 없이 예민함을 자유자재로 다뤄 성공하는 법(성공의 정의는 다양하겠지만)을 알려준다. 예민한 노력가도 스스로 정한 비현실적으로 높은 기대와 불안에 휘둘리지 않고 자기 삶을 통제할 수 있다. 예민함과 노력의 에너지를 자기 방해가 아닌 내면의 힘에 집중한다면 잠재력을 한껏 발휘하며 수월하게 세상을 살아갈 수 있다.

이 책에는 내 코칭 의뢰인들의 사연이 실려 있다. 나는 코칭 전문가 겸 인간 행동학 교수로서의 경험을 바탕으로 이들의 사례와 해결 전략을 접목했다. 이 책의 전략들은 스트레스에서 벗어나고 목표를 인식하며 진짜 나를 마주할 자신감을 얻을 실질적이고 실행 가능한 도구다. 독자들은 각 장에서 새로운 통찰과 함께 변화를 끌어낼 실행 과제와 전략을 얻을 수 있을 것이다. 넘치는 의욕을 건전한 방식으로 발산하고 예민한 성격을 강력한 장점으로 승화시키는 것은 결코 불가능한 일이 아니다. 이 책이 그 방법을 알려줄 것이다.

여정을 시작하기에 앞서 바꾸고 싶은 습관이나 행동 양식을 떠올려라. 구체적일수록 좋다. 이 여정의 성공 여부는 여러분이 얼마나 솔직하게, 얼마나 많은 노력을 기울이느냐에 달렸다. 때로는 세 걸음 전진했다가 두 걸음 후진하는 기분이 들 것이다. 스스로에게 의구심이 들거나 두려움으로 무력해지거나 애초에 이 과정을 시작한 게 후회될 때도 있을 것이다. 걱정할 필요 없다. 몸과 마음이 여러분을 보호하려고 일으킨 자연스러운 반응일 뿐이다. 심신의 반응을 인지하고 존중하면서 내게 도움이 되는 반응임을 잊지 마라(모든 성장은 마찰을 일으킨다).

이 책에서 최대한의 효과를 얻으려면 전략을 실천하고 실전 연습

과제를 완수해야 한다. 차례대로 해도 되고 가장 시급한 문제부터 시작해도 좋다. 나만 볼 수 있는 전용 노트를 준비해 각각의 과제를 수행할 때 활용하라. 그때그때 깨달은 점과 실행 방안을 기록하라. 실행 방안을 적어두면 기억이 더 잘 날 뿐 아니라 내일이든 1년 뒤든 필요할 때마다 꺼내 보며 참고할 수 있다. 또한 뇌가 이 과정을 최우선 과제로 인식해 성공 가능성이 높아진다.

실전 연습을 할 때는 명료한 사고와 집중이 가능한 시간과 공간을 확보하라. 무엇보다 스스로에게 관대해져라. 시작은 미약하지만 실행 가능한 점진적 변화가 쌓이면 큰 결실을 맺을 수 있다.

명심하라. 여러분이 이 책을 선택한 건 인생에서 가장 중요한 것, 바로 자기 자신에게 공을 들이기 위해서다.

내가 돕겠다. 나는 여러분을 믿는다.

차례

1부

나는 왜 이렇게
예민한 걸까?

SENSITIVE
STRIVER

당신은 예민한 노력가인가?

> "나는 엉망진창인 사람이 아니라 엉망진창인 세상에 사는
> 감수성이 풍부한 사람일 뿐이다."
>
> _글레넌 도일Glennon Doyle

6년 전 켈리는 불우한 아이들의 삶을 바꾸겠다는 각오로 공립 사회 복지 서비스 기관의 팀장으로 입사했다. 특유의 추진력으로 성과를 내자 상사들은 하나같이 그녀를 완벽한 부사장감이라고 칭찬했고, 입사한 지 3년도 안 돼 켈리는 프로그램 · 운영 · 행정 부문의 부사장으로 승진했다.

부사장에 취임한 첫해에는 업무가 어렵긴 해도 감당 가능한 수준이었다. 그러나 그다음 해부터는 실무팀의 일손이 부족해져 업무량이 크게 늘어났다. 켈리는 처음에는 대수롭지 않게 생각했다. 좋아하는 일이었고, 오히려 팀원들이 자신을 믿고 의지하는 것 같아 뿌듯했다. 게다가 유능한 직원은 자신의 직무 범위를 넘어서는 일도 해야 한다

고 배웠고, 그래야만 계속 승진할 수 있다고 믿었다.

그렇게 켈리의 주당 근무 시간은 60시간을 넘어섰고, 이는 곧 일상으로 굳어졌다. 늘 부재 중인 상사 대신 이사 회의에 참석해 결정을 내리는 일도 켈리의 몫이었다. 물론 켈리는 군말 없이 주어진 임무를 수행했다. 그러나 부사장의 공식 직무뿐 아니라 부하 직원이 맡은 주요 프로젝트를 지원하는 업무까지 떠맡자 더는 견딜 수 없었다. 과도한 업무량에 치여 한계점에 달한 것이다. 가정생활에도 문제가 생겼다. 식구들과 저녁을 먹을 때도 업무용 통화를 하고 회신 메일을 보내느라 휴대폰을 손에서 놓지 못했다. 남편은 켈리가 좀비로 변했다고 했고, 딸은 예전의 엄마가 그립다며 불평했다.

동료들은 켈리가 없으면 회사가 무너질 거라는 말을 매일 하다시피 했다. 칭찬이었지만, 그럴수록 켈리는 자신이 회사에 없어서는 안 될 존재가 된 것 같아 업무를 거부하거나 위임할 엄두를 내지 못했다. 상사에게 현재의 업무량을 감당하지 못하겠다고 털어놓는 상상을 하면 터무니없이 불안해졌다. '희생하는 자세가 부족하다고 하면 어쩌지?' 또는 '해고되면 어쩌지?' 하는 생각에 휩싸였다. 켈리는 유난 떨지 말고 더 열심히 일하자며 마음을 다잡았다. 그러나 스트레스가 쌓여 종종 마감 시간을 지키지 못했고 기본적인 업무를 할 때마저 실수를 저질렀다. 그럴수록 상사에게 현재 상태를 털어놓으면 이미지가 나빠져 승진할 기회가 날아가리라는 믿음은 더욱 굳어졌다.

켈리가 심각성을 처음 깨달은 건 숨이 차는 증상과 흉통 때문에 어쩔 수 없이 8주간 병가를 내 입원했을 때였다. 병가를 마친 켈리는 좀 쉬었으니 괜찮으리라는 생각으로 회사에 복귀했지만, 사무실에 발을 디딘 순간부터 두려움에 사로잡혔다. 또다시 불안과 과로가 서서히 정신을 좀먹자 켈리는 드디어 도움을 청하기로 마음먹었다. 코칭 전문가인 나를 찾아온 건 바로 그때였다.

켈리는 자기 삶의 통제권을 잃어버린 기분이었다. 하루하루가 두더지 게임 같았다. 밀려드는 업무에 치여 더는 외면하지 못할 지경에 이를 때까지 중요한 문제를 방치했다(그럴 수밖에 없었다). 켈리는 몸과 마음이 건강했고 직업적 성취감을 느끼던 시절로 돌아가길 간절히 바랐다. 그러나 실패를 두려워하고 본인이 생각하는 성공의 모습에 집착하는 한 계속 자기희생을 감수할 수밖에 없었다.

극단적인 사례이기는 하나, 내게 코칭을 의뢰하는 많은 사람이 켈리와 비슷한 일을 겪는다. 이들은 남보다 앞서거나 임무를 완수하기 위해 심신의 행복을 포기한다. 무언가 잘못됐다는 건 알지만 무엇을 어떻게 바꿔야 할지 모르며, 지금껏 고수한 사고방식과 습관, 행동을 바꿔도 될지 확신이 없다. 결국 마음속 긴장을 늘 팽팽하게 유지한 채로 살아간다. 업무적으로는 성과를 올리지만, 감정에 쉽게 휘둘리고 누가 자신이 한 일을 조금이라도 비판하면 크게 동요하면서 말이다. 켈리와 비슷한 부류의 사람들은 문제의 심각성을 자각한 뒤에야 직업적으로나 개인적으로 돌파구를 찾는 첫걸음을 뗀다. 나는 이들을 '예민한 노력가'Sensitive Striver라고 부른다.

예민한 노력가란 무엇인가?

예민한 노력가는 성취도가 매우 높은 동시에 자신의 감정과 주변 세상, 주변 사람의 행동에 남보다 민감하게 대응한다. 대부분 학창 시절에는 우등생이며 어른이 되면 헌신적이고 책임감 있고 의욕적으로 직장 생활을 한다. 덕분에 승진 속도가 빠른 반면, 매일 스트레스와 불안, 자기 회의에 시달린다.

혹시 당신의 이야기 같다고 느꼈다면 환영한다. 이 책은 당신을 위한 책이다. 앞서 언급한 자질들은 지금의 당신을 있게 했으며 아마 큰 성공을 안겨줬을 것이다. 예민한 노력가는 따뜻한 마음과 태도, 신중한 성격, 성실성으로 주변 사람들에게 평판이 좋다.

반면에 남들은 수월하게 넘기는 상황, 즉 결정을 내리거나 실패를 딛고 일어나는 상황에서 쉽게 나락으로 빠진다. 스스로 정한 높은 기대치에 자신의 능력이 미치지 못하면 의기소침해지고 사소한 문제를 너무 어렵게 생각하기도 한다. 또한 울거나 허둥지둥하거나 사회적으로 완전히 위축되는 등 감정적으로 압도당하는 상태에 놓인다. 성취욕과 예민한 성품은 조화를 이루기가 매우 까다로운 자질이기 때문이다. 최근 내 인스타그램 팔로워가 쓴 표현을 빌리면, 이들은 한마디로 "만사에 연연한다."

예민한 노력가와 다른 유형의 차이

오해하는 독자를 위해 밝히자면, 예민한 노력가는 완벽주의자나 과잉 성취자, 내향적인 사람을 지칭하는 새로운 용어가 아니다. 특징이 일부 겹칠 수는 있으나, 엄밀히 말해 예민한 노력가와 이 세 유형은 직면하는 문제가 다르다. 예를 들면,

예민한 사람이라고 모두 내향적이지는 않다. 예민한 사람과 내향적인 사람은 휴식 시간이 남보다 더 필요하다는 점을 비롯해 비슷한 면이 많다. 그러나 연구에 따르면 예민한 사람의 약 30%는 사람들과 어울릴 때 에너지를 얻는 외향성을 지닌 것으로 드러났다. 또한 내향적인 사람은 예민한 노력가와 달리, 근면 성실을 자신의 정체성을 형성하는 핵심 요소로 여기지 않는다.

완벽주의자라고 모두 자기 인식이 명확하거나 직업적 성취도가 높지는 않다. 사실 성공한 사람들은 대부분 완벽주의자(완벽을 추구하고 수행 기준을 높게 설정하는 사람)가 아니다. 완벽주의를 고집하면 일의 진행 속도가 늦어지고 의사 결정이 마비되기 때문이다.

과잉 성취자라고 모두 예민하지는 않다. 과잉 성취자(기대한 수준보다 성취도가 높은 사람) 중에는 예민한 유형의 특징인 보통 이상의 반응성을 보이지 않는 사람도 있다. 이들은 예민한 노력가와 달리, 갈등에 직면하거나 한계를 설정하거나 부정적 생각을 떨칠 때 어려움을 겪지 않는다.

당신은 예민한 노력가인가?

다음 중 해당되는 항목에 체크 표시를 하라.

○ 매우 깊고 복잡한 감정을 느낀다.

○ 삶의 모든 분야에서 타인의 기대치를 넘고 싶은 욕구가 강하다.

○ 의욕이 넘치는 편이며 목표를 달성하기 위해서라면 기꺼이 나 자신을 밀어붙인다.

○ 의미를 추구하고 성취를 갈망한다.

○ 어떤 결정을 실행에 옮기기 전에 시간을 들여 충분히 고민한다.

○ 마음속에 하루도 쉬지 않고 일하는 비평가가 산다.

○ 친절하고 배려하고 공감하는 자세로 타인을 대한다.

○ 타인의 감정을 알아채는 능력이 뛰어나다.

○ 나보다 타인의 욕구를 우선시하는 경향이 있다.

○ 선을 잘 긋지 못해 거절을 못 할 때가 많다.

○ 극도의 피로감에 시달린다.

○ 스트레스를 잘 받는다.

○ 늘 생각이 많아 머릿속이 복잡하다.

○ 정서적 반응의 강도가 높다.

○ 허를 찔리거나 누가 나를 지켜보며 평가하는 상황이 되면 불안해진다.

24

○ 자신에게 엄격한 기준을 적용한다.

○ 무슨 일이든 제대로 하려 애쓰며 실수를 하면 심하게 자책한다.

○ 과도한 분석과 우유부단으로 교착 상태에 빠질 때가 많다.

○ 평가와 비판에 지나치게 마음을 쓴다.

9개 이상 체크 표시를 했다면 예민한 노력가에 해당된다.

무엇이 예민한 노력가로 만드는가?

예민함은 성격적 특성이지 장애가 아니다. 예민한 사람의 정체성을 구성하는 불변의 요소인 예민함은 두 가지 기제를 통해 발현된다.

선천적 요인: 유전적 선물

인류의 약 15~20%는 감각 처리 예민함SPS(Sensory Processing Sensitivity), 예민한 특성을 가리키는 과학 용어을 담당하는 특별한 유전자를 갖고 태어난다. 감각 처리 예민함이 높다는 것은 중추 신경계가 매우 민감하게 작동한다는 뜻이다. 연구에 따르면 예민한 사람은 주의 집중, 실행 계획, 의사 결정, 내적 경험을 담당하는 신경 회로와 신경 화학 물질이 더 많이 활성화되고 분비된다. 바꿔 말하면, 예민한 사람은 특정 대상에 세심하게 집중하고, 깊이 생각해 선택하고, 풍부한 통찰력을 발휘해 기발한 아이디어를 제시하는 능력이 뛰어나다.

학자들은 SPS가 존재하고 지금까지 사라지지 않은 건 진화상 이점이 있기 때문이라고 믿는다. 이 특성을 처음 발견한 심리학자 일레인 아론 박사에 따르면, SPS는 예민한 사람들이 선사 시대의 예측 불가능한 환경에서 살아남도록 도운 '선천적 생존 전략'이다. SPS의 전형적 특징인 '잠시 멈춰 관찰하기'는 천적을 피해 안전을 확보하는 데 매우 유용했다. 예민한 사람은 SPS가 높은 덕분에 덜 예민한 사람이 알아채지 못하는 환경적 단서와 정보를 포착해 현명한 결정을 내리므로 위험한 상황에서 더 유리했다.

야생의 위험을 피할 필요가 없는 현대사회에서도 SPS는 여전히 유용하다. 관리자들은 보통 민감성이 높은 직원의 기여도를 높게 평가한다. 예민한 사람은 혁신적이고 공정성을 중요시하며 남들은 흉내도 내지 못할 방식으로 팀을 이끈다. 그러나 사소한 상호 작용과 내적 경험에 지나치게 민감하게 반응해 좌절감에 빠지기도 한다. 예민한 사람은 보통 사람은 크게 스트레스받지 않는 상황에서도 심신이 정상적으로 작동하지 않는다. 변수를 통제할 수 없다고 느낄 때는 더욱 그렇다. 심지어 행복이나 기쁨의 감정이 너무 강렬해도 예민한 사람은 정신적 에너지가 고갈된다. 유전적으로 타고난 민감성과 예민한 정신이 결합하면 주변 사람들의 욕구에 반응하는 강도가 높아지기 때문이다. 실제로 〈호주 심리학 저널〉에 실린 2015년 논문에 따르면, 민감성이 높은 사람은 감정을 내적으로 처리하는 방식이 달라 괴로움을 더 많이 느꼈다. 일이 잘 풀리지 않을 때 스트레스 호르몬이 급등하며 스트레스가 본인에게 미치는 영향을 타인에게 알리길 꺼렸다. 무엇보다 스트레스를 받으면 건전한 갈등 해결 방식이 아닌 회피나 위축 반응을 보였다. 감정을 제대로 처리하지 않을 경우 예민한 사람이 혼란과 무력감을 더 많이 느낀다는 사실도 밝혀졌다.

후천적 요인: 낙인 효과

유전적 요소가 예민함을 구성하는 중요한 퍼즐 조각이기는 하나, 양육 방식 또한 예민한 사람의 내면과 주변 상황에 반응하는 태도에 영향을 미친다. 예민한 노력가에 해당하는 독자라면 아마 어릴 때 부모나 교사, 친구에게 사소한 일로 스트레스받지 말라거나 너무 깊이 생각하지 말라거나, 너무 예민하다는 말을 들어봤을 것이다. 이제는 상사나 동료들에게 좀 뻔뻔해지라는 말을 들을 테고 말이다. 남들은 다 문제가 생기면 침착하고 자신감 있게 대처하는데 나 혼자만 사소한 일로 며칠씩 속을 썩는 것 같지 않았는가?

주변에서 부정적 말을 들으면 지극히 정상적임에도 자신이 비정상적인 것처럼 느껴졌을 것이다. 그래서 사랑받고 인정받으려면 달라져야 한다고 생각했을 것이다. 예민한 노력가인 나도 타인은 물론이고 나 자신의 비판과 불안으로 점철된 삶을 살았다. 어릴 때는 나만 유별나고 어딘가 모자란 것처럼 느껴졌다. 대학교와 대학원을 졸업할 때쯤에는 스스로를 단련한 끝에 내 진짜 욕구와 감정을 숨기고 타인이 보고 싶은 모습만 보여주는 데 익숙해졌다. 다른 많은 예민한 노력가처럼 나도 타인의 기대와 내가 정한 터무니없이 높은 기준에 부응하기 위해 탈진하기 직전까지 스스로를 몰아붙였다. 이런 성향을 억제하지 않고 두면 결국 자기 자신보다는 타인의 인정을 갈구하게 된다. 게다가 나도 그랬지만, 환경에 적응하려는 생존 본능이 발동해 장점을 넘어 막강한 힘이 될 수도 있는 예민함을 애써 억누르게 된다. 그런 적이 한 번이라도 있는 독자라면 이런 노력은 보통 실패한다는 사실을 경험으로 깨달았을 것이다. 본성을 거부하면 마음속에서 전쟁이 일어나기 마련이다.

여성은 특히 더 그렇다. 최근 연구 결과 예민함은 남녀 차이가 없기는 하나, 역사적으로나 사회적으로 존재하는 엄연한 현실을 무시할 수는 없다. 가령, 여성은 어릴 때 환경에 순응하고 말을 잘 들으라는 가르침을 받는다. 연구에 따르면, 조사에 응한 10대 소녀의 약 45%는 실패가 용납되지 않는다고 답했다. 이들은 스트레스를 받으면 지나치게 걱정하고 부정적 상황을 개인화했다. 예민한 노력가의 뇌는 깊은 사고와 감정을 일으켜 이 같은 반응을 더욱 부풀린다. 또한 여자는 공손하고 부드럽게 말하고 호감이 가야 한다는 편견에 가로막혀 자기주장을 잘 못하고 남자에 비해 승진이 늦다.

반면 남자는 남성성에 관한 전통적 고정 관념, 이른바 해로운 남성성에 익숙해진 탓에 타고난 예민함을 있는 그대로 받아들이지 못한다. 예민함은 흔히 부드러움과 동일시되기 때문이다. 연구 결과 유아기 때는 남자아이가 여자아이보다 정서적 반응도가 높지만, 자라면서 남자아이는 남자다움의 척도가 지배성과 공격성이라고 믿는 경향을 보였다. 이로 인해 많은 남성이 타고난 재능을 거부하고 자신에게 맞지 않는 삶을 사느라 수십 년을 허비한다.

먼저 '나'를 알아야 한다

예민한 노력가의 성격은 다양한 형태로 드러나지만, 주로 머리글자를 따 'STRIVE'로 통칭되는 다음의 여섯 가지 핵심 자질 중 하나에 해당된다. 아래의 설명에 바로 공감이 가는 독자도 있겠지만 자신과는 별로 비슷하지 않다고 느끼는 독자도 있을 것이다. 충분히 그럴 수 있다. STRIVE의 특징도 다른 성격상 특징이 그렇듯 다양한 갈래로 나뉜다.

예민함Sensitivity 마음속과 주변에서 벌어지는 일을 인지하고 예민하게 반응하는 능력이 뛰어나 복잡한 정보를 수월하게 처리한다. 체계와 절차가 존재할 때 업무 능률이 가장 높다. 체계와 절차가 없으면, 특히 압박감(실재하든 마음속에만 존재하든)을 받으면 자극에 휘둘리기 쉽다.

사려 깊음 Thoughtfulness 자기 인식이 명확하고 생각이 깊고 직관력이 뛰어나다. 뉘앙스를 파악하고 정보를 종합하는 능력 덕분에 특히 독창성과 창의성이 높다. 반면에 머릿속이 자주 복잡하다. 일상적 경험을 지나치게 자세히 분석할 때가 많으며 남달리 높은 자기 인식 때문에 자의식 과잉과 자기비판에 사로잡힐 수 있다.

책임감Responsibility. 믿음직하다며 도움을 청하는 사람들이 많다. 근면 성실한 성격이라(가끔 지나칠 정도로) 희생을 해서라도 주변 사람을 실망시키지 않으려 애쓴다. 소모적이리만큼 시종일관 타인의 호감을 사고 타인의 비위를 맞추려 애쓰는 탓에 탈진하기 쉽다.

내적 동기 Inner Drive. 인사 고과뿐 아니라 삶의 모든 면에서 타인의 기대를 넘기 위해 산다. 직장 생활에 상당한 에너지를 쏟고 타인에게 영향을 미치는 일에 관심이 깊다. 목표를 달성하거나 (매우 긴) 할 일 목록에서 하나씩 일거리를 해치울 때 제일 큰 기쁨을 느끼지만, 성공의 기준을 비현실적으로 높게 잡을 때가 많다.

경계심Vigilance. 변화에 민감하게 대응하며 상사의 신체 언어부터 회의 시간의 전반적 분위기 등 주변 환경의 미묘한 요소들을 의식한다. 상대의 말을 경청하며 타인의 요구에 응하려 애쓴다. 이렇듯 늘 경계 태세를 취하면 에너지 소모가 크고 간혹 존재하지도 않는 위험이나 위협을 감지하기도 한다.

감수성Emotionality. 진실되며 공감 능력이 뛰어나 감정의 폭이 크며 정서 반응이 복잡하다. 영감이나 고마운 마음과 같은 긍정적 감정을 풍부하게 경험하는 반면, 짜증이나 실망과 같은 불쾌한 감정에도 쉽게 사로잡힌다.

STRIVE 자질의 균형 상태

예민함

전혀 균형 잡히지 않은 상태	완전히 균형 잡힌 상태
거의 항상 불안하고 흥분한 상태다. 긴장을 잘 못 푼다. 몸이 늘 긴장과 공포에 사로잡혀 있다.	스트레스를 받을 때도 침착하고 차분하다. 제대로 된 휴식을 충분히 취한다. 직감을 활용해 더 나은 의사 결정을 할 수 있다.

사려 깊음

전혀 균형 잡히지 않은 상태	완전히 균형 잡힌 상태
간단한 결정도 쉽게 내리지 못한다. 걱정과 가면 증후군에 시달린다. 불필요하고 사소한 일에 매달린다.	깊이 생각하고 과감하게 행동할 수 있다. 건설적인 자기 대화를 하고 자신감이 높다. 창의적이고 혁신적이며 남들은 놓치는 미묘한 요소를 포착한 아이디어를 낸다.

책임감

전혀 균형 잡히지 않은 상태	완전히 균형 잡힌 상태
문제가 생기면 곧바로 해결해 사람들을 만족시킨다. 더 많이 일하거나 돕지 못해 죄책감을 느낀다. 거절하거나 도움을 청하기가 매우 어렵다	주변에 헌신적이지만 경계가 확실하다. 스스로 해결하도록 효과적으로 권한을 위 임한다. 맞추려 애쓰지 않고 자기만의 우수성 평가 기준을 따른다.

STRIVE 자질의 균형 상태

내적 동기

전혀 균형 잡히지 않은 상태	완전히 균형 잡힌 상태
탈진할 정도로 과로한다. 너무 많은 목표를 세우거나 너무 많은 의무를 떠맡는다. 결과와 외적 보상에 집착한다.	지속적인 학습과 성장, 발전에 집중한다. 현실적이고 실행 가능하며 개인적으로 의미 있는 목표를 세운다. 심신의 에너지를 효과적으로 관리하면서 꾸준히 앞으로 나아간다.

경계심

전혀 균형 잡히지 않은 상태	완전히 균형 잡힌 상태
타인의 요구에 즉각 응하고 눈치를 본다. 걱정할 필요가 없을 때도 상황을 자의적으로 해석해 불안해한다. 타인과 관계를 맺을 때 수동적이다.	타인의 감정을 이해하고 그에 깊이 공감해 돈독한 관계를 맺는다. 위험 요소를 가늠해 현명한 판단을 내릴 수 있다. 내면에 집중해 자신에게 옳은 일을 추구한다.

감수성

전혀 균형 잡히지 않은 상태	완전히 균형 잡힌 상태
강렬하고 불쾌한 감정에 몇 시간이나 며칠씩 사로잡힌다. 속으로는 불만스러우면서도 아무렇지 않은 척 행동한다. 늘 변화무쌍한 감정에 휘둘린다.	기쁨과 자부심, 만족감과 같은 긍정적 감정을 죄책감 없이 받아들인다. 감정을 효과적으로 처리해 건설적으로 행동한다. 감정을 있는 그대로 받아들이고 유연하게 대처한다.

언뜻 보면 납득이 안 되겠지만 이 자질들은 극단적인 경우 골치 아픈 단점이 될 수 있다. 가령, 꼼꼼하고 세심한 성격은 장점이지만 보내기 버튼을 누르기 전에 작성한 이메일을 10번씩 읽어야 직성이 풀린다면 자신도 모르게 생산성이 떨어지고 있는 것이다. 의리와 배려심이 너무 높으면 협동 작업을 할 때 대두되기 마련인 성격 차이 문제로 교착 상태에 빠지거나 심신의 행복을 좌우하는 경계를 지키지 못한다. 따라서 반드시 나 자신을 알고, STRIVE 자질이 내 삶에 어떤 영향을 미치는지 이해하고, 남용하고 있는 자질이 있다면 균형을 되찾아야 한다.

지난달의 경험을 돌아보고 이 책을 고른 이유를 잠시 생각해보라. 그런 다음 다음의 표를 보고 각각의 문장에 동의하는 정도에 따라 1부터 10까지 점수를 매겨라. 너무 깊이 생각하지 말고 솔직히 답하면 된다(모든 항목에서 만점을 받지 못해도 괜찮다)! 이 테스트는 여러분의 삶에서 각각의 자질이 얼마나 균형 잡혔는지 알아보기 위한 첫걸음이다. 테스트 결과는 이번 장의 실전 연습 활동에서 나의 현재를 파악하고 몇 주, 몇 달, 몇 년 뒤에 되고 싶은 나를 알아볼 때 활용할 것이다. 나 자신을 아는 것은 본성을 바꾸거나 예민함과 야망을 줄이기 위해서가 아니다. 나의 핵심 자질을 효과적으로 활용해 이상적 자아를 실현하기 위해서다.

STRIVE 자질 등급표

예민함	스트레스를 받을 때도 침착성과 평정심을 유지할 수 있다. 완전히 동의　10　9　8　7　6　5　4　3　2　1　조금 동의 휴식을 충분히 취한다. 완전히 동의　10　9　8　7　6　5　4　3　2　1　조금 동의 평소 습관과 일과가 심신의 에너지를 유지하는 데 도움이 된다. 완전히 동의　10　9　8　7　6　5　4　3　2　1　조금 동의
사려 깊음	불필요한 세부 사항에 연연하지 않고 결정을 내린다. 완전히 동의　10　9　8　7　6　5　4　3　2　1　조금 동의 불안과 의심에 휘둘리지 않고 당면한 과제에 집중한다. 완전히 동의　10　9　8　7　6　5　4　3　2　1　조금 동의 잡념에 빠지지 않고 일에 깊이 몰입할 수 있다. 완전히 동의　10　9　8　7　6　5　4　3　2　1　조금 동의
책임감	업무를 효과적으로 위임하고 필요할 때 도움을 청한다. 완전히 동의　10　9　8　7　6　5　4　3　2　1　조금 동의 스스로에게 한 약속은 보통 끝까지 지킨다. 완전히 동의　10　9　8　7　6　5　4　3　2　1　조금 동의 업무나 사람, 문제 상황과 관련된 부탁을 무례하거나 인색해 보일까 봐 걱정하지 않고 상대가 무안하지 않게 거절할 수 있다. 완전히 동의　10　9　8　7　6　5　4　3　2　1　조금 동의

STRIVE 자질 등급표

내적 동기

주로 가치가 높은 일에 시간을 들인다.

완전히 동의   10 9 8 7 6 5 4 3 2 1   조금 동의

내가 보기에 재미있거나 신나거나 고무적인 목표를 세운다.

완전히 동의   10 9 8 7 6 5 4 3 2 1   조금 동의

내 목표는 내가 해야 할 다른 일들을 고려할 때 현실적이고 달성 가능하다.

완전히 동의   10 9 8 7 6 5 4 3 2 1   조금 동의

경계심

내 욕구와 주변 사람들의 욕구를 동등하게 충족시킨다.

완전히 동의   10 9 8 7 6 5 4 3 2 1   조금 동의

직업적 발전에 도움이 된다면 신중하게 고민한 뒤 현명한 방식으로 위험을 감수한다.

완전히 동의   10 9 8 7 6 5 4 3 2 1   조금 동의

나에게 가장 효과적인 업무 환경을 조성하는 데 각별히 신경 쓴다.

완전히 동의   10 9 8 7 6 5 4 3 2 1   조금 동의

감수성

평가나 비판을 기분 나쁘게 받아들이지 않는다.

완전히 동의   10 9 8 7 6 5 4 3 2 1   조금 동의

나의 정서 반응을 객관적이고 균형 있는 시각으로 바라볼 수 있다.

완전히 동의   10 9 8 7 6 5 4 3 2 1   조금 동의

부정적 감정에 너무 오래 사로잡히지 않는다.

완전히 동의   10 9 8 7 6 5 4 3 2 1   조금 동의

나에게 도움이 되는 방식으로 예민함을 대하기

앞서 말했던 켈리의 경우, 첫 상담 때 지난 한 해 동안 무슨 일이 있었고 어쩌다 나를 찾아오게 됐는지 설명했다. 회사에 병가를 내는 건 켈리로서는 상상조차 못 한 일이었지만 그마저도 문제를 해결하기에는 역부족이었고, 켈리는 그 사실에 크게 놀라고 실망한 상태였다. 켈리는 현재 상태를 바꿀 수 없다면 좋아하는 일을 그만둬야 하거나 건강이 더 나빠질 거라며 걱정했다. 그러나 어디부터 바꿔야 할지 몰랐고 정확히 무엇이 잘못됐는지 설명하지도 못했다. 나는 고쳐야 할 건 아무것도 없다고 켈리를 안심시키고 STRIVE 개념을 설명했다. 그런 뒤 다음 상담 때까지 STRIVE 자질 등급표를 완성해오라고 했다.

두 번째 상담에서 켈리는 자신이 느끼는 감정과 문제를 생전 처음 말로 표현할 수 있었다고 했다. STRIVE 체계는 변화를 고민하는 켈리에게 유용한 도구였다. 어딘가 고장 난 게 아니라 자기 관리 방식을 바꾸기만 하면 된다는 인식은 켈리에게 획기적인 변화였다. 더는 타인의 기대치에 연연하며 살 수 없다는 걸 깨닫고 나니 한 걸음 물러나 전체를 조망할 수 있었고, 그럼으로써 더 나은 삶을 위해 무엇을 바꿔야 할지 평가하고 우선순위를 매길 수 있었다.

켈리는 낮은 점수가 나온 STRIVE 자질 중에 특히 사려 깊음의 점수가 낮은 게 신경 쓰였다. 사려 깊음의 균형이 깨진 탓에 켈리는 업무량을 소화하지 못하는 자신을 책망하며 더 열심히 일하자고 되뇌는 부정적 자기 대화를 했다. 나와 이 문제를 더 깊이 논하면서 켈리는 사려 깊음을 본인의 강점으로 인식할 수 있었다. 켈리의 사려 깊은 성격은 특히 사회 복지 대상자들에게 온전히 서비스를 제공할 혁신적 방법을 찾아야 할 때 빛을 발했다. 무엇보다 켈리는 헌신적인 지도자가 절실한 조직에서 자신이 탁월한 실적을 올리고 공동 작업을 훌륭히 해낸 건 바로 STRIVE 자질 덕분이라는 더 큰 깨달음을 얻었다. 켈리가 어려움을 겪기 시작한 건 무능해서가 아니라 본인에게 도움이 되지 않는 방식으로 STRIVE 자질을 발휘했기 때문이었다.

켈리는 자신을 새로운 관점으로 바라보기로 했고, 변화의 결과가 즉각 나타나지 않더라도 실망하지 않기로 했다. 장점은 살리고 단점은 완화하는 방식으로 STRIVE 자질을 새롭게 활용하면서 국면을 전환할 능력이 자신에게 있음을 깨달은 덕분이었다. 켈리는 우선 신뢰하는 동료에게 전처럼 다시 극심한 스트레스를 받고 있다고 털어놓았다. 동료는 추가 업무가 생길 때마다 켈리가 제일 먼저 나섰던 터라 놀랍다는 반응을 보였다. 켈리와 동료는 앞으로 6개월 동안 인력을 충원하는 새로운 프로젝트를 기획하는 등 과도한 업무량을 줄이는 조치를 취하기로 했다. 켈리는 도움을 청하는 게 불편했지만, STRIVE 자질을 새로운 방식으로 활용하려면 다른 방식을 적극 시도해야 했고 결과를 확신할 수 없는 상태에 익숙해져야 했다.

무엇보다 켈리는 '마음속 비평가 조용히 시키기', '감정을 있는 그대로 받아들이기', '자기주장 하기', 등 앞으로 이 책에서 배울 기법들을 실행에 옮겼다. 뒤에서 다시 소개하겠지만, 켈리는 순탄하지만은 않은 과정을 거친 끝에 직장에 복귀하고 몇 개월 만에 긍정적 변화를 일궈냈다. 자신의 예민함을 이해하고 (지키고) 유리하게 활용하고 타고난 추진력을 건강하고 지속 가능한 방식으로 발휘하려 노력하면서 직장 생활을 보다 객관적으로 바라볼 수 있게 됐다.

실전 연습

균형의 바퀴 작성하기

균형의 바퀴는 STRIVE 자질의 균형 상태와 제일 먼저 중점을 둘 부분을 알아보는 시각적 도구다. 켈리의 균형의 바퀴를 참고해 각자의 바퀴를 완성하라. 완성한 균형의 바퀴는 이후에 다시 다룰 테니 잘 보관해둬라.

실행 방법

1. **점수를 매겨라.** 앞서 완성한 STRIVE 자질 등급표에서 각 항목에 매긴 점수의 평균값을 구하라. 균형의 바퀴의 각 조각은 해당 STRIVE 자질이 현재 얼마나 균형이 잡혔는지 보여준다.
2. **현재 상태를 표시하라.** 조각마다 내 점수에 해당하는 지점에 선을 긋고 색을 칠하라(예시 그림을 참고하라).
3. **원하는 상태를 표시하라.** 6개월 뒤 각각의 자질이 얼마나 더 균형 잡히길 바라는지, 희망 점수를 적어라. 조각마다 해당 점수에 해당하는 지점에 점선을 그어라.
4. **완성된 표의 전체적인 느낌을 살펴라.** 희망 점수가 너무 작게 느껴지면 바꿔도 되지만 더 높아야 할 것 같다는 생각만으로 점수를 높이지는 말아라.
5. **점수 차이를 가늠하라.** 색칠한 부분과 점선으로 표시한 부분의 차이를 확인하라. 두 숫자의 차이를 각 조각의 바깥에 적어라. 차이가 상대적으로 큰 항목이 있을 것이다. 이 책을 읽으면서 제일 먼저 공을 들이고 싶은 자질은 무엇인가? 목표는 완벽한 균형을 이루는 것이 아니라 현재 균형점을 향해 가고 있는지 균형점에서 멀어지고 있는지를 파악하는 것이다.

균형의 바퀴
Kelly

점수 차이

0

예민함

사려 깊음

점수 차이

4

감수성

점수 차이

1

점수 차이

0

경계심

점수 차이

2

책임감

내적 동기

점수 차이

2

	점수차이
예민함	0
사려 깊음	4
책임감	2
내적 동기	2
경계심	0
감수성	1

균형의 바퀴

_____

점수 차이

예민함

감수성
점수 차이

점수 차이

경계심

사려 깊음
점수 차이

점수 차이

책임감

내적 동기
점수 차이

	점수차이
예민함	
사려 깊음	
책임감	
내적 동기	
경계심	
감수성	

2

모범생 콤플렉스에서 벗어나라

> "성장과 변화는 더 나아지는 것이 아니다.
> 원래의 나로 돌아가는 것일 뿐이다."
>
> _리사 올리베라Lisa Olivera

금요일 오후 1시, 알리시아는 주방 조리대에 앉아 인터넷으로 검색한 열세 개의 구인광고 페이지를 심란한 마음으로 클릭하며 생각했다.

'지금 바꾸면 처음부터 다시 시작해야 해. 하지만 지금이라도 바꾸지 않으면 평생 이 일에서 못 벗어날 거야.'

알리시아는 대형 잡지사의 마케팅 팀장이었다. 남들이 부러워하는 직업이라는 건 알리시아도 알았다. 억대 연봉에 금요일 재택근무 제도와 긴 출산 휴가 등 혜택도 좋았다. 특히 출산 휴가는 아이를 낳을 계획인 알리시아에게는 꼭 필요한 혜택이었다. 그때 여동생이 차를 끓이러 주방에 들어섰다. "또야?" 동생이 물었다. 알리시아는 고개를 저었다. 또 시동을 걸기 시작한 모범생 콤플렉스 때문이었다.

17년 전, 알리시아는 열정적으로 광고업계에 뛰어들었다. 근면 성실하고 섬세한 알리시아는 승진을 거듭했고 일에 흥미를 잃기 시작했을 때도 연봉은 꾸준히 올랐다. 남들이 보기에는 성공한 인생이었다. 그러나 시간이 갈수록 알리시아는 자기 일에 대한 회의감이 들었고 그런 선택을 한 자신을 늘 책망했다. 더는 흥미와 의미를 찾을 수 없는 일을 하느라 한창 일할 중요한 시기를 낭비하는 건 아닐까 의구심이 들 때도 많았다. 알리시아는 업무적으로는 관계를 맺고 유지하는 데 능했지만, 파벌을 지어 다니는 동료들과 어울리지 못해 점심시간과 회식 때 소외당했고 그래서 외로웠다. 알리시아는 인턴에서 팀장으로 승진한 자신이 여전히 자랑스러웠지만, 새로운 실적을 올려야만 인정을 받는 현실에 넌더리가 났다.

"거액의 거래를 성사시켜야 한다는 압박을 늘 받는데 의욕이 생기기는커녕 진이 빠져요."

알리시아가 나를 처음 만났을 때 한 말이었다. 불경기를 이유로 회사에서 정리해고를 고려하면서 압박감은 날이 갈수록 심해졌다.

누가 봐도 변화가 필요했지만 알리시아가 느낀 건 혼란과 절망뿐이었고 이는 그녀가 평소 어려운 일에 직면할 때 느꼈던 의욕과 투지와는 거리가 멀었다. 내적 동기가 전에는 좋은 쪽으로 힘을 발휘했으나, 이제는 알리시아가 흥미를 잃은 목표를 향해 억지로 나아가도록 몰아붙일 뿐이었다. 게다가 한껏 높아진 경계심은 알리시아가 변화를 시도하지 못하게 발목을 잡았다. 알리시아는 직장을 옮기면 남들이 어떻게 생각할지 두려웠고 불경기에 이직을 할 수는 있을지 너무 걱정됐다. 자신에게 잠재력이 많다는 걸 알면서도 위축되는 기분을 떨치지 못했다.

오랜 시간 주어진 길을 성공적으로 걸어온 알리시아는 다른 많은 예민한 노력가가 그렇듯 해야 하는 일은 누구보다 잘했다. 예민한 노력가들은 흔히 성인이 되면 일종의 연기를 하며 산다. 성공하기 위해서는 되어야 한다고 믿는 이상적 존재를 연기하는 것이다. 내 의뢰인들도 그랬다. 첫 승진을 하기 위해서든 세계 각국의 대규모 지사를 이끌기 위해서든 다들 알리시아처럼 기진맥진할 때까지 애썼고, 대단한 성취를 이뤘음에도 우유부단함과 자신감 부족으로 괴로워했다.

예민한 노력가는 외부의 승인이나 인정, 승진, 포상을 통해 자존감을 획득하려 애쓴다. 더 많이 노력하기만 하면 가치 있는 존재가 되리라는 (무의식적) 믿음이 있어 더 오래, 열심히 일해 스스로 실패라 여기는 결점을 만회하려 한다. 이들은 내면이 불안정하므로 외부의 인정을 통해 자신감을 얻는 수밖에 없다. 그러나 무언가를 성취하고 나면 일시적으로 짜릿함과 만족감을 얻을 뿐, 흥분이 가라앉고 나면 불만족감과 피로감이 찾아든다. 이 악순환은 내가 모범생 콤플렉스라 부르는 현상의 전형적 특징이다. 완벽주의와 남의 비위 맞추기, 과기능이 뒤범벅된 모범생 콤플렉스는 예민한 노력가가 성취에 중독되게 만든다.

삶을 갉아먹는 모범생 콤플렉스

모범생 콤플렉스는 어릴 때부터 성인이 돼 직장인이 되기까지 예민한 노력가를 따라다니는 성취 중독이다. 성취 후에도 불안감과 피로감, 공허감이 따른다. 그러나 모범생 콤플렉스가 발생하는 순간은 학창 시절 우등생이 되게 해준 신념과 행위가 성인이 돼서는 예민한 노력가의 발목을 잡고 내면의 평화를 깰 때다.

장담하건대 모범생 콤플렉스는 내 의뢰인들이 자기 자신을 믿는 법을 배울 때 직면하는 가장 큰 걸림돌이다. 그러다 자존감과 성취를 분리하고 나면, 목표에 지나치게 얽매이지 않고도 생산성을 높이고 시간과 노력을 쏟는 행위 자체에서 의미를 찾을 수 있음을 깨닫는다.

모범생 콤플렉스에 시달리는 사람은 보통 다음의 증상을 보인다.

목표 설정에 집착한다. 목표가 없으면 갈팡질팡할 정도로 목표 세우기를 즐기고 많이 세운다. 목표를 달성하면 스스로를 가치 있는 존재로, 달성하지 못하면 쓸모없는 존재로 느낀다.

최고 점수를 받지 못하면 자존감이 떨어진다. 학창 시절에는 교과 및 비교과 활동을, 성인 돼서는 직장 생활을 완벽하게 하려고 애쓴다. A⁺를 받지 못하면 실패라고 느낀다. 인사 고과에서 기대에 부응했다는 평범한 평가를 받으면 F 학점이라도 받은 양 며칠 동안 방구석에 틀어박히고 싶어진다.

가면 증후군에 시달린다. 학력과 경력이 충분함에도 동료들에 비해

아는 게 없다고 느끼는 가면 증후군을 앓는다. 무식한 말을 하거나 바보 같은 아이디어를 제안해 가면 속의 진짜 모습이 드러날까 봐 전전긍긍한다.

무슨 일이든 올바른 방식으로 해야 한다. 무슨 업무든 하나하나 꼼꼼히 살펴야 직성이 풀린다. 세심한 부분까지 다 신경 써야 마음이 편하다(점수에 반영이 안 돼도 상관없다).

미련할 정도로 스스로를 채찍질한다. 스스로에게 만족하는 법이 없다. 특히 큰마음 먹고 휴식을 취할 때도 휴식은 시간 낭비라거나 자신은 휴식을 취할 자격이 없다고 느낀다. 일정표가 할 일로 꽉 차 있지 않으면 게으름을 피우는 느낌이 든다.

칭찬에 목말라한다. 기울인 노력만큼 상사나 동료 등 중요한 사람에게 칭찬받기를 기대하고, 받지 못하면 실망한다.

실수하면 자책한다. 경력에 큰 영향을 미치지 않는 실수도 쉽게 털어버리지 못한다. 실수를 하면 죄책감이 아니라 수치심을 느낀다. 수치심은 '나는 나쁘다(성격적 결함이 있다)'는 감정인 반면, 죄책감은 '무언가를 잘못했다(잘못을 고치거나 개선할 수 있다)'는 감정이다.

감정이 널을 뛴다. 예민한 노력가는 원래도 감수성이 높지만, 모범생 콤플렉스에 시달리면 특히 더 민감해져 자아비판이 심해지고 일상의 스트레스 요인이나 불편, 평가에 더 예민하게 반응하게 된다. 또한 뚜렷한 이유 없이 자주 우울해진다.

모범생 콤플렉스의 세 가지 요소

모범생 콤플렉스의 주요 행동 양상은 다음과 같다.

완벽주의

완벽주의자는 약점은 과대평가하고 강점은 과소평가한다. 실수에 집착하고 늘 능력을 입증해야 한다는 부담에 시달린다. 그런데 완벽주의의 본질은 흠 하나 없는 완벽한 상태를 추구하는 것이 아니다 (어차피 그건 불가능하다). 사실 완벽주의는 내면의 두려움을 통제하거나 잠시 잊기 위한 대응 기제다. 완벽주의자는 속으로 끙끙대는 걸 들키지 않으려면 겉으로라도 흠 잡을 데 없이 완벽해 보여야 한다고 믿는다. 또한 어떤 일을 하는 올바른 방법은 하나뿐이며 그 외 방법은 용납되지 않는다고 믿는다.

남의 비위 맞추기

친절한 동료나 도움을 주는 지도자는 칭찬해야 마땅하지만, 언제나 자신보다 남을 우선시하면 직장 생활의 만족도가 떨어질 수밖에 없다. 더 좋은 방법이 있는데도 비위를 맞추느라 동료가 낸 수준 이하의 제안에 동의하는 경우가 그렇다. 남의 비위를 맞춘다는 것은 근본적으로 인정 욕구가 매우 강하고 자신에 대한 평가가 낮다는 뜻이다. 자신만의 핵심 가치에 어긋나는 방식으로 생각하고 행동하기 때문이다. 남의 눈치를 보는 사람은 낮은 자존감에서 비롯된 불안감 때문에 원치 않더라도 타인의 의견과 기대에 순응할 뿐 아니라 거절해야 할 때도 쉽게 거절하지 못한다.

과기능

과기능자는 늘 맡은 일을 끝까지 완수하고 약속을 지키고 마감 시간을 맞춘다. 본인이 하지 않으면 아무도 안 할 거라는 걱정 때문인데 여기에는 대가가 따른다. 감당하지 못할 정도로 너무 많은 일을 하거나 팀원을 대신해 야근과 주말 근무를 자처하는 등 남의 일을 떠맡는다. 심지어 여러 반응들로부터 타인을 책임지려 한다(후에 다루겠지만 이건 불가능하다). 과기능은 견디기 어려울 만큼 정신적 에너지를 고갈시킨다. 그러나 과기능의 가장 큰 문제는 불건전한 역학 관계가 형성돼 주변 사람들이 저기능을 하게 된다는 데 있다. 누군가를 대신해 문제를 해결하고 곤란한 상황에서 도움을 주면 그 사람은 자기 몫을 할 필요가 없게 된다. 이는 예민한 노력가에게 좌절감을 안길 뿐 아니라 최악의 경우 해를 입힌다.

잘할 수 있는 척하는 게 효과가 없는 이유

모범생 콤플렉스를 해소하는 방법을 모르는 예민한 노력가들은 열등감을 숨기려 갖은 애를 써야 한다. 숨기는 게 안 되면, 잘할 수 있는 척하면서 언젠가는 자신감이 생기리라는 희망을 품고 자기 회의의 감정을 외면한다. 이들은 할 일을 완수하고 최소한의 요건을 충족하기만 하면 인정을 얻고 자기 가치가 높아지라 믿지만 이는 타당하지 않고 가능하지도 않다. 직장 생활은 그런 식으로 작동하지 않는다. 직장에서 끊임없이 A$^+$를 받으려 애쓰는 건 무익할 뿐 아니라 해롭다. 심신의 에너지가 고갈되고, 무엇보다 자신에게 중요하고 가장 좋은 삶에서 더욱 멀어진다.

작가이자 저널리스트인 앤 헬렌 피터슨Anne Helen Petersen도 직업적으로 성공하고 싶은 욕구로 인해 어른이 되면서 금방 탈진하고 말았다. 앤은 〈버즈피드〉BuzzFeed에 기고한 글에서 이렇게 썼다.

"나는 늘 일을 하고 있어야 한다는 인식을 내면화했다. 어릴 때부터 내 주변의 모든 사람과 상황이 노골적으로, 또는 은근히 그 인식을 강요했기 때문이다."

앤의 모범생 콤플렉스는 결과가 어떻든 늘 무언가를 행하고 성취해야 한다는 강박과 극도의 피로로 발현됐다. 앤은 어느 날 중요한 사실을 하나 깨달았다. 많은 업무와 재정 관리, 건강 관리, 장거리 이사를 능숙하고 균형 있게 처리하면서도, 진료 예약하기나 친구에게 연락하기처럼 업무 외적인 삶을 윤택하게 해줄 기본적인 일을 몇 주 동안 미루고 있었던 것이다. 자괴감에 빠져 이 일을 다른 사람들처럼 대수롭지 않게 넘기지 못한 앤은 직장 생활과 사생활이 왜 균형을 이루지 못하는지 파고들었다. 앤이 깨달은 바에 따르면, 의욕이나 시간이 없기 때문이 아니었다. "근사하거나 근사해 보이고, 열정을 따르게 해주는 좋은 직업을 갖는 최종 목표를 이루기 위해" 수십 년간 애써온 결과였다. 일과 삶을 지금 이 순간에 집중하면서 배우고 발전하는 과정이 아닌 경쟁의 연속으로 인식하는 환경에서 자란 탓이었다.

앤을 비롯한 수많은 예민한 노력가의 이 같은 경험은 성취에 비정상적으로 중독될 수 있다는 연구 결과를 뒷받침한다. 실제로 인간의 뇌는 외부의 인정을 받거나 새로운 고지를 정복하거나 나로 인해 타인이 행복해졌을 때 분비돼 쾌감을 주는 기분 좋은 물질에 중독된다. 마약이 그렇듯 성취에 중독되면 그 기분을 느끼기 위해 계속 자신을 혹사시키게 된다. 아무리 우리 사회가 일 중독을 찬양한다 해도 성취 중독은 해롭다. 소셜 미디어의 발전으로 늘 서로가 연결된 탓에 우리는 가장 행복한 순간을 포착해 올리는 친구들과 자신을 비교한다. 그러면서 남에게 뒤처지면 안 된다는 압박감을 느끼고 이는 불안과 우울감, 낮은 자존감과 업무 실적으로 이어질 수 있다. 게다가 높이 오를수록 추락의 골은 더욱 깊어진다. 연구에 따르면 고소득자일수록 스트레스를 더 많이 받고 휴식을 등한시하는데 이는 심신의 행복을 떨어뜨린다.

흔히 예민한 노력가들은 이른바 자기 관리와 생활의 지혜 따위로 모범생 콤플렉스를 해소하려 하지만, 이는 미봉책에 불과할 뿐 아니라 오히려 문제를 악화시킨다. 근본 원인을 파악해 해결하려면, 이루려는 목표가 더는 내게 도움이 안 될 때가 언제인지 인식해야 한다.

목표, 과감하게 포기해도 된다

원대한 포부와 목표 자체는 문제가 아니다. 모범생 콤플렉스로 인해 목표와 목표를 이루겠다는 동기에 집착하게 되고 궁극적으로 STRIVE 자질의 균형이 깨지는 것이 문제다. 모범생 콤플렉스에서 벗어나 스스로를 믿으려면 목표가 언제, 왜 도움이 안 되는지 분석해야한다. 그러면 무익한 목표를 포기함으로써 이로운 목표를 세울 여유를 확보할 수 있다. 목표나 우선순위를 재고하거나 아예 포기해야 할 때는 다음과 같다.

애초에 나에게 맞는 목표가 아닐 때

승진을 하려는 이유가 성장을 맛보는 게 짜릿해서라면 문제가 없다. 그러나 승진의 사다리를 힘겹게 오르는 게 경쟁심이나 의무감 때문이라면 멈춰야 한다. 무언가를 '하고 싶다'가 아니라 '하는 게 좋다' 혹은 '해야 한다', '할 필요가 있다'라고 되뇌는 것은 책임감과 경계심의 균형이 깨졌다는 신호다. 동료들이 다 한다는 이유로 하프 마라톤에 참가하는 것과 육체적 도전을 간절히 원해 출전하는 것은 전혀 다르다. 전자는 좋은 기회를 놓칠지 모른다는 두려움이 원인이고 후자의 원인은 내면의 갈망이다.

목표의 이득보다 고통이 더 클 때

아무리 좋아하는 일이라도 늘 재미있을 수만은 없다. 목표가 다소 두렵게 느껴지고 목표를 이루지 못할까 봐 불안한 마음도 정상이다. 그러나 부정적 감정이 약간의 긴장감을 넘어 극심한 두려움에 이르거나 수면 장애를 비롯한 건강상의 문제가 생기는 건 비정상이다. 이는 곧 내면의 감수성과 예민함이 모범생 콤플렉스가 발동 중이라는 신호를 슬쩍, 또는 강하게 보내는 것이다. 가령, 종일 고객 서비스 업무를 할 생각을 하면 어떤 사람은 재미있겠다고 느끼지만 어떤 사람은 속이 울렁거릴 것이다.

과정보다 결과에 집착할 때

사려 깊음이 과해 사고가 경직되면 성취와 남의 비위 맞추기에 연연하느라 애초에 목표 달성에 필요한 기술을 정말 습득하고 싶은지는 고려하지 않게 된다. 가령, 사업의 매출 규모를 연간 백만 달러로 올리는 목표를 세우긴 했으나 그를 위해 밟아야 하는 단계들(새로운 팀 구성, 예산 관리 등)이 부담스럽게 느껴질 수 있다.

자포자기할 때

어떤 꿈은 나이가 들면서 흥미가 떨어질 수 있다. 그러나 기어코 완수해야 한다는 의무감이 너무 강하면 열정이 식었음에도 예전의 우선순위에 매달리게 된다. STRIVE 자질 중 내적 동기의 균형이 깨졌음에도 목표 달성에 매달리면 어느새 완수한다는 미명 아래 심신의 행복을 소홀히 하게 될 수 있다.

시작하는 법

1. **포기에 따르는 이익에 집중하라.** 도움이 안 되는 목표를 포기하는 데는 용기가 필요하다. 잃는 것보다는 목표를 포기함으로써 늘어나는 시간과 에너지에 집중하라. 한번 결정했다고 바꾸지 말란 법은 없다. 내게 맞는 균형을 이룰 때까지 삶의 목표를 조절하라.

2. **우선순위에 없는 일은 가차 없이 빼라.** 나는 의뢰인들에게 코칭을 할 때 할 일 목록을 70%까지 줄이게 하는데, 이는 실로 놀라운 효과를 발휘한다. 어떤 의뢰인은 새로운 수입원을 개발했고, 다른 의뢰인은 오래전부터 마음먹어온 책을 드디어 집필하기 시작했다. 모두 할 일 목록에서 쓸데없는 일을 제거한 덕분이었다.

3. **비교하는 마음을 치유하라.** 모범생 콤플렉스가 심할 때는 나도 모르게 끊임없이 스스로를 남과 비교하게 된다. 질투심을 잘 들여다보면 지금껏 인식하지 못했지만 현재 내게 없는 무언가를 소유하거나 경험하고 싶은 욕구가 무엇인지 알 수 있다. 속으로만 간직해온 소원이나 욕구가 있다면 무엇인가?

4. **기회를 놓칠지 모른다는 두려움에서 벗어나라.** 경력 개발과 관련된 좋은 기회를 놓칠까 봐 전전긍긍하면 회의 참석이나 업무 부탁을 받을 때마다 거절하지 못하게 된다. 모든 일이 출세를 위한 결정적 기회, 또는 인맥을 쌓을 소중한 기회로 보이기 때문이다. 나는 이럴 때 나 자신의 필요와 욕구에 집중하기 위해 '이 행사나 업

무 일정이 당장 내일로 잡힌다면 기대되는가, 부담되는가?'라고 스스로에게 묻는다.

아주 작은 변화를 쌓아가라

앞서 얘기했던 알리시아는 한 걸음 물러나 지금까지 추구해온 목표와 직장 생활을 돌아보고 성공의 사다리를 오르는 과정이 매우 괴롭다는 사실을 깨달았다. 일할 에너지가 어느 때보다 낮았을 뿐 아니라 경계심이 있는 대로 높아진 탓에 일을 그만두고 아이를 낳으면 주변 사람들, 특히 동료들이 어떻게 생각할지 너무 신경 쓰였다. 불안에 잠식돼 에너지가 바닥난 알리시아는 급기야 체육관에 다니고 도자기를 만드는, 즐겁게 했던 취미 활동마저 그만뒀다.

알리시아는 처음에는 어색했지만, 내적 동기의 균형을 되찾는 조치를 취하기로 마음먹었다. 우선 구직 활동을 잠시 멈췄고, 신규 고객 유치와 기존 고객 서비스를 오가며 늘 정신없었던 만큼 업무 부담을 낮추기로 했다. 상사에게 월별 영업 목표치를 줄여 기존 고객 유지에 집중하게 해달라고 요청했다. 중요한 고객이 광고 예산 삭감을 고려 중인 터라 이는 꼭 필요한 조치였다. 덕분에 생긴 여유 시간으로 알리시아는 도자기 공예 수업을 다시 등록하는 등 자신감을 높여줬던 예전의 취미 생활을 다시 시작했다. 또한 기다려지는 사교 모임이 일주

54

일에 한 번은 있도록 동생이나 친구와 점심이나 저녁을 먹는 일정을 꼭 잡았다.

　이후 두 달이 지나는 동안 이 작은 변화들은 알리시아의 모범생 콤플렉스를 해소하는 데 도움이 됐고, 덕분에 알리시아는 미래를 보다 긍정적으로 바라보는 동시에 몸과 마음이 건강했던 예전의 모습을 되찾을 수 있었다. 무엇보다 자신의 마음과 감정을 명확히 파악하니 직업적 목표가 개인적 목표 및 강점과 어떻게 맞물려 있는지 재고할 정신적 여유가 생겼다.

　알리시아가 그랬듯, 자신에게 모범생 콤플렉스가 있다는 사실을 인지하면 스스로에게 보다 솔직해지는 계기가 되므로 첫걸음을 뗄 수 있다. 그런 뒤 목표를 포기하는 적극적 조치를 취하면 자동 조종 모드로 굴러가는 습관적 삶을 멈출 수 있다. 심신의 에너지와 의욕이 고갈되고 길을 잃은 기분이 드는 날에는 내면에 집중하라. 그 순간에 드는 감정의 정체가 무엇인지, 언제 모범생 콤플렉스가 작동하는지 들여다보고 자기 연민의 마음으로 그 감정에 대응하라. 더 나은 삶을 향해 모든 게 바뀔 것이다.

실전 연습

5일 동안 모범생 콤플렉스 해소하기

24시간을 어떻게 보내는지 꼼꼼히 기록하면 완벽주의와 남의 비위 맞추기, 과기능에 어떤 식으로 휘둘리고 있는지 쉽게 파악할 수 있다. 기록한 내용을 보면 어떤 부분에서 기대와 의무를 포기해야 하는지 드러날 것이다. 포기함으로써 확보된 에너지는 스스로에게 투자해 주체 의식을 되찾아라.

실행 방법

1. **시간을 추적하라.** 5일 동안 하루를 어떻게 보냈는지 기록하라. 구체적이어야 한다. 8시간 동안 그냥 '일을 했다'고 뭉뚱그리지 말고 어떤 프로젝트를 진행했고 어떤 회의를 했는지 적어라. 1시간 단위로 기록하는 것이 좋다. 여러 업무를 오가며 할 때는 시간을 더 쪼개야 할 수도 있다. 귀찮겠지만 심신의 행복을 위한 일이니 가치가 있을 것이다.

2. **모범생 콤플렉스가 발동한 사례를 돌아봐라.** 어떤 일을 할 때 다음과 같았다면 모범생 콤플렉스의 영향을 받은 것이다.

   - 마음이 괴롭거나 남의 시선을 의식했다.
   - 의무감이나 압박감, 긴박감을 느꼈다.
   - 하면 안 될 것 같은데도 그냥 했다.
   - 해야 하거나 하는 게 좋을 것 같았다.

   기록한 모든 항목이 위의 기준에 해당돼 걱정되는가? 이 책의 전략을 쓰면 크게 바뀔 테니 안심하라.

3. **바꿔라.** 위험 부담이 적은 과제나 임무를 하나 골라 할 일 목록에서 빼거나, 접근법을 바꾸거나, 위임하거나, 들이는 노력을 줄여라. 가장 쉽게 느껴지는 일, 또는 내 뜻대로 하거나 안 할 수 있는 일이 좋다. 예를 들면 생산성을 높이기 위해 아침에 일어나 힘겹게 이메일을 확인하고 답메일을 보냈다면 그 대신 오디오북을 들어라. 한 달 동안 사소한 할 일을 포기하는 연습을 하라. 시시해 보이겠지만 작은 걸음이 모여 큰 변화를 이룰 것이다.

3

타인의 기대에 휘둘리지 않는 삶을 사는 법

"칭찬받거나 지명받거나 인정받을 날을 기다리지 마라.
앞장서도 된다는 허락이 떨어지길 기다리지 마라."

_타라 모어Tara Mohr

2장의 실전 연습 과제를 완수한 독자라면 도움이 되지 않는 목표를 포기하면 시간과 정신적 여유가 생긴다는 사실을 깨달았을 것이다. 그러나 이는 STRIVE 자질을 최대한 활용하며 의미 있는 성취에 의식적으로 집중하는 삶을 살기 위한 첫 걸음일 뿐이다. 다음 단계는 외부에서 인정을 구하기보다는 내가 바라는 방식으로 탐구하고 행동해도 될 자유를 스스로에게 허락하는 것이다.

타인의 허락을 구하는 것은 본능이다. 인간은 누구나 사랑받고 싶고 어딘가에 속하고 싶은 욕구를 타고난다. 거부당하고 지적당하고 실패하는 고통을 피하고 싶은 마음은 지극히 정상이다. 게다가 외부의 인정이 늘 나쁜 건 아니다. 프로젝트의 성공에 중요한 기여를 했다는 인정을 받거나 큰 실적을 올려 보상을 받으면 성취감이 따른다. 그러나 예민한 노력가는 타인의 인정을 단순히 욕망하는 수준을 넘어 그에 중독될 수 있다. 나의 의뢰인들은 일찍부터 이 문제를 겪는 경우가 많은데, 트래비스도 마찬가지였다.

상담하는 날 트래비스는 자리에 앉기도 전에 '가격 책정표'라고 맨 위에 휘갈겨 쓴 종이 한 장을 내게 건네며 말했다. "제가 사업하면서 처음으로 100달러를 번 해예요. 자, 보세요."

나는 복잡해 보이는 스프레드시트를 대충 훑어봤다. 병원에서 컴퓨터 프로그래머로 일하는 트래비스는 18개월 전부터 부업을 시작하고 싶어 알아보는 중이었다. 장거리 달리기가 취미고 대학 때부터 달리기 관련 블로그를 운영한 경험을 살려 달리기 코치가 되거나, 친구가 운영하는 신생 운동화 회사에 기술직으로 합류할 생각도 해봤다. 그러다 무익한 목표를 포기하는 과정을 거친 끝에 다른 길은 모두 접고 기술 컨설팅 사업을 시작하는 데 집중하기로 했다.

최근 시장에서 수요가 높은 코딩 언어 전문가였던 트래비스는 예민한 노력가답게 사업을 준비할 때도 성실하고 꼼꼼하게 임했다. 사업을 시작할 때 거치는 단계들을 오랜 시간 조사했고 시장을 분석했으며 정보와 영감을 얻기 위해 부업 관련 온라인 커뮤니티에 가입했다. 새로운 도전을 지지하는 애인의 의견도 참고했다. 그러나 1년 가까이 준비를 했는데도 진전이 없자 나를 찾아왔다. 나는 가격 책정표를 트래비스에게 돌려주며 말했다. "가격 책정 전략을 논하기 전에 한 가지만 물을게요. 인맥이 꽤 넓으시죠?"

"네. 제게 조언을 구하는 사람들이 늘 있죠. 아는 사람들에게 연락해 영업하면 지금 당장 부수입을 꽤 올릴 수 있다는 건 알아요. 하지만 그 전에 먼저 만반의 준비를 갖춰야죠."

트래비스는 가격 책정표를 가리키며 말했다.

"왜요?"

"그야 당연히 그렇게 해야 하니까요."

그 순간 확실해졌다. 트래비스도 모범생 콤플렉스에 심하게 휘둘리고 있었다. 트래비스는 지금껏 규칙을 따르고 부모의 기대에 부응해 칭찬받는 삶을 살았다. 그 때문에 남의 비위에 맞추는 성향이 생겼다는 건 그도 잘 알고 있었다. 그러나 제대로 할 수 있다는 확신이 100% 들기 전에는 직업적으로 모험을 하지 않는 이유가 어릴 때 생긴 인정 욕구 때문이리라고는 미처 생각하지 못했다. 어른이 되어서는 출근 첫날부터 지금까지 늘 책임감이 커 균형을 잃은 상태였다. 회의를 할 때마다 준비를 너무 많이 하기도 했고 업계에서 인정받는 전문가임에도 정확하다는 확신이 들 때까지 작성한 코드를 몇 번이고 점검했다. 사업을 시작할 때도 트래비스는 모범생 콤플렉스의 영향으로 정해진 공식을 따르기로 했고, 한 푼이라도 벌기 전에 가격 책정 구조를 마무리해야 한다는 생각에 귀중한 시간을 복잡한 가격표를 짜는 데에 쏟아 부었다.

많은 의뢰인이 트래비스와 비슷한 문제로 날 찾아온다. 사업을 키우거나 직장에서 실적을 올리거나 자기 자신과 일에 대한 자긍심을 높이는 등 각자가 직면한 문제의 성격은 다르지만 모두 본질적으로 같은 질문을 던진다. "스스로를 의심하지 않으려면 어떻게 해야 하나요?" 나 자신을 믿어도 되냐고, 타인의 기대에 휘둘리지 않는 삶을 살 새로운 방법을 찾아도 되냐고 내게 허락을 구하는 것이다. 이들에게는 스스로에게 이런 자유를 허락하는 게 꽤 오랜만의 경험일 것이다(처음일 수도 있다!). 자기 신뢰의 자유를 온전히 받아들이려면 우선 지금 현재 어떤 교묘한 방식으로 타인에게 통제권을 넘기고 있는지 돌아봐야 한다. 그런 뒤 잠재력의 발현을 가로막는 외부의 기대와 걸림돌에서 벗어나야 확신을 갖고 앞으로 나아갈 수 있다.

스스로에게 자유를 허락하기

이제 스스로에게 자유를 허락한다는 것이 무슨 뜻인지 정의를 내려보자. 이 책을 읽는 데 지침이 되고 기존의 방식에서 벗어나는 데 도움이 될 것이다. 다음의 세 가지 영역에서 스스로를 얼마나 구속하고 있는지 생각해보라.

스스로에게 성공할 자유 허락하기

아마 지금껏 미움받고 싶지 않은 마음에 잠재력을 한껏 발휘하지 못했을 것이다. 자기 과시로 비치거나 남을 기죽이거나 기분 나쁘게 할까 두려워 몸을 사렸을 것이다. 그러나 소심한 태도는 아무에게도,

특히 자기 자신에게 도움이 되지 않는다. 무언가를 성취하는 방법에 정답은 없다. 나에게 맞는 방법이 있을 뿐이다. 내 문제는 스스로 해결하고 독립적으로 사고할 자유를 누려라. 스스로에게 성공할 자유를 허락한다는 것은 자격과 준비가 덜 된 것 같을 때에도 과감하게 새로운 일을 시작한다는 뜻이기도 하다.

스스로에게 실수할 자유 허락하기

실수는 실패가 아니다. 인간은 원래 불완전하며 교훈은 일이 잘 안 풀릴 때 얻어진다. 그러니 잘못된 부분을 곱씹기보다는(말처럼 쉽지 않다는 건 나도 안다!), 스스로를 용서하고 주어진 정보와 자원으로 최선을 다했음을 받아들여라. 실험 정신을 발휘해 실수는 없고 배움이 있을 뿐이라고 생각하라.

스스로에게 본연의 모습으로 살 자유 허락하기

시간과 노력이 들더라도 STRIVE 자질을 생산적으로 활용할 방법을 찾아라. 풍부한 감수성을 남다른 강점으로 삼거나 직감을 활용하거나 지금까지와는 달리 내적 동기를 살리는 목표를 세워라. 남들이 의문을 제기한다고 함부로 신념을 바꾸지 마라. 개인의 기호와 선택, 포부는 그 자체로 지킬 가치가 있고 중요하다. 지금의 자리를 받아들여라. 있어야 할 곳에 있지 않는다고 자신을 질책하지 마라.

외부에서 허락을 구하는 유형	내면에서 허락을 구하는 유형
요청을 받거나 기회가 오길 기다린다.	능력을 발휘할 순간을 포착하면 직접 기회를 만든다.
반감을 살지 모른다는 두려움이나 가면 증후군 때문에 주저한다.	아직 자격이 안 되는 것 같을 때도 의견을 낸다.
호감을 사거나 유능하고 선량하다는 말을 듣고 싶은 욕구가 크다.	나만의 기준과 목표를 바탕으로 진실되게 행동한다.
외부의 인정(칭찬, 돈, 승진 등)을 더는 받지 못할까 봐 걱정된다.	실수를 통해 인격이 성장하는 경험을 가치 있게 여긴다.
타인의 의견을 바탕으로 내 생각과 감정을 비하하거나 재해석한다.	나 자신을 존중하고 내 생각과 감정을 있는 그대로 받아들일 자격이 있다고 느낀다.

허락을 구하는 행위는 내면의 힘을 좀먹는다

포상과 칭찬을 갈구하는 것은 자존감을 높이려 애쓸 때 행하는, 명백히 비생산적인 행위다. 반면에 허락을 구하는 행위는 은밀한 방식으로 서서히 습관화된다.

과도한 사과

불필요한 사과는 자신이 이 세상에 존재해도 괜찮다는 사실을 재확인하려는 무의식의 발동이다. "번거롭게 해드려 죄송하지만…"과 같은 표현으로 이메일의 서두를 떼거나, 버스에서 누가 옆에 앉을 때

"미안해요! 비켜드릴게요"라고 말하는 경우가 그렇다. 이런 식의 사과를 할 때 무엇을 기대하는가? 내심 "미안할 거 없어요. 괜찮아요" 또는 "별말씀을요. 발표를 아주 잘하셨는걸요"와 같은 답을 듣길 바라지 않는가?

의사 결정 떠넘기기

결정을 내려야 할 때 주변 사람들의 의견을 묻거나 타인의 조언을 들은 뒤로 결정을 미루는가? 이는 책임을 회피하고 타인의 의견이 내 의견보다 중요하다고 인정하는 것이나 다름없다. 무엇이 내게 가장 좋을지 대신 알려 달라고 부탁하는 것이며 타인의 동의가 없으면 내 판단은 가치가 없고 타당하지 않다고 믿는 것이다.

의견을 낼 자격과 의견의 가치 의심하기

말할 때마다 "좋은 생각인지는 모르겠지만…" 또는 "제가 전문가는 아니지만…"과 같은 표현으로 말문을 여는 건 스스로가 말할 자격이 없거나 능력이 부족하다는 믿음이 깔려 있기 때문이다. 비슷한 이유로 "제 말이 이해가 되세요?" 또는 "그래도 괜찮죠?"와 같은 표현을 습관적으로 쓰면 타인에게 미치는 영향력이 떨어진다(이 문제는 뒤에서 자세히 다룰 것이다). 자신의 생각을 믿지 못하겠다는 뜻이므로 타인의 신뢰도 얻을 수 없다. 사소해 보이지만 이런 습관은 외부의 인정을 구하는 전형적인 방식으로, 자신에 대한 믿음을 더욱 약화시킨다.

요청받을 때까지 기다리지 마라

《착한 여자의 신화》The Myth of the Nice Girl의 저자이자 언론사 간부였던 프랜 하우저는 외부의 인정에 의존하지 않고 성공을 거둔 예민한 노력가의 전형이다. 1990년대 후반에 영화표 자동 구매 서비스를 제공하는 무비폰MovieFone의 직원이었던 프랜은 회사가 극장의 광고를 수주하는 데만 집중하고 다른 유형의 미디어를 간과해 매출을 크게 높일 수 있는 기회를 놓치고 있다고 판단했다. 그래서 이 문제를 전담할 팀을 만들고 싶었지만 괜히 나섰다가 동료들의 심기를 불편하게 할까 봐 두려웠다.

많은 예민한 노력가가 프랜과 비슷한 일을 겪는다. 회의 중 좋은 아이디어가 떠올랐지만 어리석거나 진부하게 들릴까 봐 입 밖에 내지 못한 적이 있을 것이다. 혹은 어떤 전략을 완벽하게 준비하느라 너무 많은 시간을 허비해 트래비스처럼 몇 주나 몇 달씩 교착 상태에 빠진 적도 있을 것이다. 프랜은 상사가 팀을 꾸려줄 때까지 기다리지 않고 주도적으로 나섰다. 책임감과 사려 깊음을 생산적인 방식으로 발휘해 최고 매출 책임자 및 연구 책임자와 상의한 뒤 기획안을 작성했다. 기획안이 탄탄하자 상사는 프랜에게 다른 미디어의 광고 수주를 맡아 할 2인조 팀을 짜게 했다. 급기야 프랜은 무비폰이 AOL에 4억 달러에 인수되는 데 중요한 역할을 했고, 2001년에는 무비폰의 부사장이자 AOL 무비스의 본부장으로 승진했다. 이렇듯 영향력을 발휘하고 싶으면 부름을 받을 때까지 기다려서는 안 된다. 자신의 판단을 믿고 스스로 기회를 만들어야 한다.

완벽한 준비란 없다

_____

준비가 다 됐다고 느껴질 때까지 기다리면 안전할 것 같지만 실제로는 손해를 본다. 자기 의심을 멈추고 스스로에게 성공하고 실수하고 본연의 모습으로 살 자유를 허락하려면 어떻게 해야 할까? 비결은 그냥 시작하는 것, 특히 준비되기 전에 시작하는 것이다.

어렵겠지만 불완전한 행동을 해도 괜찮다고, 사소한 부분은 차차 해결할 수 있다고 스스로를 믿어야 한다. 준비될 때까지 기다리지 말고 발상을 전환해야 한다. 스스로를 믿으려면 과도한 생각을 멈추고 일단 시작해야 한다는 뜻이다. 일단 시작한 일을 포기하지 않고 끝까지 해내면 내면의 힘이 강해진다. 그러니 꿈꾸는 내가 되고 싶으면 지금 당장 그런 내가 되는 과정을 시작해야 한다.

불완전한 행동은 이 책에서 우리의 발목을 잡는 습관과 신념을 바꿀 때 쓸 도구일 뿐 아니라, 지금이든 앞으로든 목표와 꿈을 이룰 때 따르면 좋을 삶의 방식이기도 하다. 불완전한 행동은 변명이나 자의적 판단에 가로막히지 않고 스스로를 새롭게 바라볼 수 있게 해주는, 꿈을 이루는 데 꼭 필요한 요소다. 다음에 일어날 일이 걱정돼 무력하거나 주저하고 있다면 다음을 시도해보라.

66

지금 당장 할 수 있는 최선의 행동에 집중하라. 오늘 당장 할 수 있고 목표에 한 걸음 다가가게 해줄 일은 무엇인가? 몇 달, 혹은 몇 년 동안 할 일을 계획하기보다는 당장 할 수 있는 일을 찾아 실행에 옮기는 게 훨씬 쉽다. 융통성 없는 완벽주의가 아니라 민첩성을 바탕으로 하는 행동은 지금과는 다를 앞으로의 삶에서도 유효하다.

미루기 학습이 아닌 시의적절 학습을 하라. 예민한 노력가는 흔히 주의를 돌리려는 전략으로 온라인 강의를 열 개 듣거나 팟캐스트를 모조리 찾아 듣는 등 끊임없이 정보를 습득하려 한다. 나는 이를 미루기 학습이라 부른다. 행동하지 않는 지식은 쓸모없으니 시의적절 학습을 하라. 지식을 (가짜) 위안을 삼으려고 쌓지 말고 필요할 때, 즉 직무가 바뀌거나 할 때 습득하라는 뜻이다.

회복탄력성을 끌어내라. 나는 의뢰인이 준비되기 전에 시작하기를 힘겨워할 때마다 지금까지 극복한 일 중 가장 힘들었던 일 세 가지를 말해보게 한다. 당면한 목표나 과제와 직접적 관련이 없는 일이어도 괜찮다. 어려운 일을 극복할 수 있다는 사실을 되새기기만 해도 두려움과 불안을 떨칠 자신감이 생긴다. 숨은 용기를 끌어내줄 다음의 질문에 답해보라.

- 힘든 시기에 나를 딛고 일어나게 해준 것은 무엇인가?
- 오늘이 내 인생에서 가장 용감할 수 있는 하루라면 무엇을 할 것인가?
- 성공이 보장된다면 나는 지금 무엇을 할 것인가?

- 나의 STRIVE 자질 중 목표 달성에 도움이 될 긍정적 자질은 무
  엇인가?

준비되기 전에 시작하면 실패할 수도 있을까? 물론 그렇다. 그러
나 그게 바로 핵심이다. 자신감은 성공의 전제 조건이 아니라 위험을
감수하고 불완전한 상태에서 실행에 옮길 때 생기는 부산물이다. 따
라서 준비되기 전에 시작하면 한 발짝씩 걸음을 옮기면서 서서히 자
신감을 키워나갈 수 있다. 자기 자신을 믿어도 된다는 허락이 떨어지
는 것이다.

시작하는 법

1. **듣고 싶은 말을 스스로에게 하라**. 타인에게 꼭 듣고 싶은 말을 생각해보라(당신은 훌륭한 관리자가 될 거예요!, 또는 창의적인 기획을 참 잘하시네요). 그 말을 남이 해주길 기다리지 말고 스스로에게 하라. 포스트잇에 적어 컴퓨터나 거울 등 잘 보이는 곳에 붙여라. 상사에게 기획안을 발표한 뒤 잘했다는 확신이 없어 불안하다면 남이 안심되는 말을 해주기 전에 스스로가 자랑스러운 이유를 5분 동안 적어봐라.

2. **하고 싶은 일을 적어라**. 원하는 건 무엇이든 할 자유가 주어진다면 하고 싶은 일을 모두 적어라. '나는 아직 준비가 안 됐다'고 생각되는 분야를 적어라. 무슨 일을 하면 이번 주, 이번 달, 이번 해가 샴페인을 터트릴 만큼 근사해질 것 같은가? 언젠가, 또는 다음 기회에 할 일 목록 중에 생각만 해도 가슴이 두근거리는 항목이 있다면, 도전해볼 가치가 있다는 신호다. 꿈과 소망을 확실히 표현하는 것은 그 꿈과 소망을 이루는 첫 걸음이다.

3. **남의 생각에 휘둘리지 마라**. 누군가의 조언이나 평가를 들었다고 그걸 꼭 받아들여야 하는 건 아니다. 타인의 의견은 내가 아니라 그 사람의 불안이 투영될 때가 있다. 이와 관련해 심리 전문가 브렌 브라운Brené Brown은 다음과 같은 비법을 추천한다. "나는 의견을 귀담아 들어야 할 사람들의 이름을 적은 작은 종이를 지갑에 넣어 다닌다. 이 목록에 포함되려면 내 강점과 약점을 있는 그대로 사랑해주는 사람이어야 한다."

지금 할 수 있는 일을 하라

———————

코칭 상담을 하면서 트래비스는 자신이 문제를 너무 복잡하게 만들고 있음을 깨달았다. 타인의 조언이나 지식은 이제 더 필요 없었다. 이미 사업 시작에 필요한 모든 걸 갖췄으니 먼 미래에 필요한 가격 책정 모델과 수익 구조를 고민하기보다는 지금 당장 할 수 있는 최선의 일을 하기만 하면 됐다. 트래비스가 가장 먼저 해야 할 일은 스스로에게 성공할 자유를 허락하고, 사람들에게 거래나 소개를 부탁하면 오만해 보일지 모른다는 생각에서 벗어나는 것이었다. 나는 트래비스에게 '다음 단계를 정확히 알 수 있는 쉬운 일이었다면 지금 내 모습이 어때 보였을까?'라고 스스로를 돌아보게 했다.

결국 트래비스는 가격 책정 모델에 투자하는 시간을 줄이기로 했다. 그 대신 지난해에 그에게 조언을 구했던 사람들에게 모두 연락해 시간당 100달러의 비용으로 컨설팅을 제공하고 있다고 알렸다. 100달러는 그가 근무하는 병원에서 외부 사업자에게 지불하는 비용이었다. 이후 한 달 동안 트래비스는 고객 세 명을 확보하면서 첫 발을 뗐고, 반년도 안 돼 더 복잡한 서비스를 요청한 몇몇 고객에게는 가격을 다시 산정해 인상할 수 있었다. 사업을 확장하는 과정에서 트래비스는 실험과 놀이, 실수를 꺼리지 않았다. 기존의 인맥 고객층을 넓히기 위해 트래비스는 출시 기념 서비스 패키지를 몇 가지 설계해 내놓았고, 자신이 제공하는 서비스의 방법론과 접근 방식을 소개하는 영상물도 시리즈로 제작했다. 영상을 본 사람은 별로 없었고 새로운 패키지에 가입한 고객은 한 명뿐이었지만, 트래비스는 그 과정에서 깨달은 점을 반영해 서비스를 계속 개선했고 잠재 고객에게 작업 공정을 설명할 때 더 조리 있게 표현할 수 있었다.

물론 처음에는 두려웠다. 그러나 트래비스는 과감하게 도전하고 시행착오를 거쳐 서서히 사업을 키우면서 설레고 뿌듯한 방식으로 호기심을 채우고 창의성을 펼칠 수 있었다. 고객의 문제를 해결하면서 기쁨을 느꼈고 그 과정에 깊이 몰입했다. 작은 성공이 쌓이자 트래비스의 사고방식은 차분하고 긍정적으로 바뀌었다. 덕분에 트래비스는 부업을 독립적인 사업으로 발전시킬 준비가 이미 돼 있다는 사실을 직시할 수 있었다.

말하기 연습

부정적 자기 대화와 가면 증후군(스스로가 무능하거나 가짜, 엉터리라고 느끼는 심리)은 자신에게 옳은 일을 추구하는 데 가장 큰 방해 요소가 될 수 있다. 다음과 같이 지금 당장이라도 자기 대화의 방식을 바꿀 수 있다.

가면 증후군에 걸렸을 때		스스로에게 뭐든 할 자유를 허락할 때
지금 하고 있는 일을 잘 모르겠다.	→	잘 모르지만 한번 해보겠다.
무슨 일이든 정확하게 해야 한다.	→	나에게 맞는 방식을 찾으면 된다.
완벽한 때를 기다려야 한다.	→	준비를 완벽하게 하는 건 불가능하니 지금 바로 실행에 옮겨야 한다.
진행해도 정말 괜찮은지 꼼꼼히 살펴야 한다.	→	별도로 명시된 바가 없는 한 계획대로 진행할 것이다.
뭘 잘 모르면서 일하는 것처럼 보일 것이다.	→	모든 걸 다 알 수는 없으니 필요할 때 도움을 청하면 된다.
내 능력을 입증하려면 항상 열심히 일해야 한다.	→	나는 내가 쉽게 할 수 있는 일이 있고 그것이 내 강점이라는 것을 안다.
늘 더 많이 일해야 한다.	→	덜 일하면서 더 잘할 수 있다.

실전 연습

내게 주는 허가서

수학여행 참가 허가서처럼 무언가를 진행하라거나 하고 싶은 일을 해도 된다고 명시하는 증서를 본 적이 있을 것이다. 모범생 콤플렉스를 해소하기 위한 다음 단계는 자기 자신에게 허가서를 쓰는 것이다. 이 허가서가 의미 있으려면 상사나 다른 누구도 아닌 내가 직접 써야 한다. 그러면 나의 생각과 감정, 자기 인식을 활용해 나에게 맞는 선택을 하고 내 안의 지혜를 쓸 수 있다.

실행 방법

1. **생각을 너무 많이 하거나 문제를 복잡하게 만들고 있는 상황을 떠올려라.** '나는 이 일을 하거나 안 할 자유가 있다'고 스스로에게 천명할 짜릿한 기회가 될 것이다.

2. **허가서를 작성하라.** 앞서 예민한 노력가들이 흔히 직면하는 문제 상황을 참고하라.

3. **허가서를 쉽게 접근할 수 있는 곳에 보관하라.** 언제든 볼 수 있게 벽에 걸거나 책상 서랍에 넣어둬라. 허가서를 보면서 '나는 (자기 방해를 하지만 않는다면) 성공을 위한 내적 요건을 이미 다 갖추고 있다'는 사실을 상기하라.

4. **필요할 때마다 수정하라.** 이 책에서도 다시 보겠지만 달마다, 분기마다, 또는 새로운 도전이나 위험 요소, 도약에 직면해 자기 의심이 발동할 때마다 허가서를 수정하라.

2부

내가 '나'를 방해하지 않는 법

SENSITIVE STRIVER

4

감정은 회피한다고 사라지지 않는다

"감정은 문제가 없다.
문제는 감정을 어떻게 대하느냐다."

_앰버 래Amber Rae

딩동. 캐서린의 메일함에 상사인 베스가 보낸 이메일이 도착했다.

'마크가 방금 홈페이지 디자인을 보내왔어요. 같이 의논하고 싶으니 시간될 때 알려줘요.'

말도 안 돼. 캐서린은 생각했다. 마크는 내가 자기 직속 상사라는 걸 모르나? 캐서린은 마크가 자기한테 먼저 보고하지 않고 직급이 더 높은 베스에게 바로 디자인을 보냈다는 사실에 기가 막혔다. 분노로 열이 오르고 머리가 핑 돌았다. 캐서린은 눈을 감고 마음을 가라앉히려 애썼다.

6개월 전 사용자 인터페이스 선임 디자이너로 승진한 캐서린은 승진한 지 한 달 만에 새로 입사한 마크를 부하 직원으로 관리하게 됐고 이후 팀원은 빠르게 불어났다. 처음 맡는 관리직이라 긴장됐지만 경력을 쌓으려면 꼭 거쳐야 하는 단계였다. 안타깝게도 직설적이고 지배적인 성향의 마크는 캐서린과 호흡이 맞지 않았다. 대단히 유능했지만 경쟁심이 지나쳐 팀이 성과를 올리면 모든 공을 독차지하려 들었다. 게다가 가끔 캐서린에게 불만이 있어 보였고 회의 때 그녀의 지시를 무시하기도 했다. 주요 고객의 웹사이트 공개를 몇 주 앞둔 시점에 캐서린은 팀원들에게 무슨 디자인이든 수석 디자이너인 베스에게 보고하기 전에 자신에게 먼저 결재를 받으라고 말했다. 그랬는데도 마크는 캐서린을 건너뛰고 베스에게 보고한 것이다. 캐서린은 대놓고 모욕을 당한 기분이었다.

어떻게 대처할지 차분히 생각하려 했지만 가만히 앉아 있기 힘들 정도로 흥분된 마음은 쉽게 가라앉지 않았다. 당장이라도 마크와 직접 대면해 상황을 해결하고 싶었으나, 감정이 이렇게 격해진 상태에서 마크와 대면했다가는 소리를 지르거나 심지어 울 수도 있었다. 그 순간 캐서린은 자신이 권위 있는 관리자가 아니라 자기 감정에 빠져 허우적대는 나약한 존재로 느껴졌다.

사실 캐서린은 자신의 높은 감수성이 강점이 될 때도 있다는 걸 잘 알고 있었고 그래서 더 답답했다. 캐서린은 소프트웨어의 외관과 느낌부터 사용자의 행위에 이르기까지 디자인의 여러 요소가 어떻게 사용자에게 놀라움과 흥분의 감정을 일으키는지 예리하게 포착했다. 현재 포춘 500대 기업이 사용하는 프로젝트 관리 소프트웨어의 제작 팀을 이끈 공로를 인정받아 '정서적 디자인' 상을 수상하기도 했다.

‘과잉 반응 하지 말자. 규칙을 어긴 사람은 내가 아니라 마크잖아.’

캐서린은 이렇게 생각하고는 일단 베스와 몇 시간 뒤 만나기로 했다. 공개를 앞둔 웹사이트 작업이 순조롭게 진행되는 게 우선이었다. 캐서린은 메일함을 닫고 작업 중이던 디자인 창을 열었다. 하지만 좀처럼 집중이 되지 않았다. 몸이 떨리고 속이 울렁거렸다.

"평정심을 되찾는 데 꼬박 세 시간이 걸렸어요." 캐서린은 나중에 나에게 이렇게 말했다. "정신을 차리고 나니 근무 시간이 거의 끝났더라고요."

다른 많은 의뢰인처럼 캐서린도 감정에 압도당해 상황을 통제하지도, 할 일을 끝내지도 못했다. 감정에 주도권을 내주고 만 것이다.

캐서린은 감정을 회피하는 것은 물놀이용 공을 물밑으로 누르는 것과 같다는 비싼 교훈을 얻었다. 아무리 세게 눌러도 공은 결국 수면 위로 튕겨 올라간다. 공이 물밑에 있는 동안 수면은 잔잔하고 평화롭다. 그러나 한 손은 공을 잡고 있느라 쓸 수 없으니 행동이 자유롭지 못하고 에너지도 분산된다. 게다가 고삐를 늦추는 순간 공은 바로 수면으로 튀어 올라 난장판을 만든다.

감정은 회피한다고 사라지지 않는다. 사실 감수성의 균형이 깨진 예민한 노력가들은 실제로는 속을 끓이고 강렬한 정서적 반응을 감당하려 애쓰면서도 겉으로는 괜찮은 척하느라 엄청난 에너지를 소모한다. 이와는 정반대의 경우, 즉 시시각각으로 변하며 제멋대로 날뛰는 감정을 고스란히 드러내며 살아도 일상이 흔들리고 진이 빠지기는 마찬가지다. 감정을 회피하는 것과 감정에 주도권을 넘겨주는 것 사이에 균형을 유지하려면 어떻게 해야 할까? 내면의 정서적 반응을 있는 그대로 받아들이고 잘 다스리는 법을 배워야 한다. 다양하고 깊은 감정을 느끼는 것은 예민한 노력가의 타고난 자질이니 피할 수 없다. 그러나 장담하건대 이 같은 자질을 적극적으로 받아들여 활용하면 남다른 경쟁력을 확보할 수 있다. 물론 그러기 위한 효과적인 방법을 익혀야 하지만 말이다.

감정을 억누르면 더 오래갈 뿐이다

나는 의뢰인들에게 "참을수록 더 오래간다"는 말을 자주 한다. 감정에 맞서 싸우거나 감정을 바꾸려 하거나 감정을 느끼는 자신을 책망할수록 그 감정에 더 오래 시달린다는 뜻이다. 성공하려면 감정을 억눌러야 한다는 믿음이 만연한 직장에서는 특히 더 그렇다. 그러나 예민한 노력가는 감정을 자신의 타고난 강점의 자연스러운 연장으로 보는 것이 낫다.

감정은 날씨처럼 좋든 싫든 늘 존재한다. 그러나 감정을 규정하고 고려하고 이해할 필요는 있지만 감정이 내 계획을 좌우하는 최우선 요소일 필요는 없다. 날씨가 안 좋다고(내 취향과 맞지 않는다고) 날씨를 부정하거나 날씨에 온 신경을 집중하거나 계획을 취소하지는 않는다. 날씨를 받아들이고 계획을 그에 맞게 조정할 뿐이다. 물론 말처럼 쉽지는 않겠지만 감정도 날씨를 대하듯 있는 그대로를 받아들이고 대비하면 된다.

연구에 따르면, 예민한 사람은 덜 예민한 사람에 비해 감정을 부끄럽게 여기고 감정을 뜻대로 다룰 방법은 없다고 믿는 경향이 높았다. 그러나 방법이 없지는 않으며, 감정을 내면세계의 일부로 인식하고 감정이 생길 때마다 잘 대처하는 것이 가장 중요하다. 감정을 있는 그대로 받아들이고 허용하면 다음과 같은 효과가 있다.

탈진을 방지할 수 있다. 불안과 괴로움, 긴장과 같은 고강도 감정은 우리 몸에 투쟁-도피 반응을 일으켜 정신에 매우 큰 부담을 준다. 《해피니스 트랙》의 저자 에마 세팔라Emma Seppala에 따르면, 고강도 감정은 오랫동안 지속되면 면역 체계와 기억력, 주의 지속 시간에 해를 입힌다. 고강도 감정은 외면한다고 사라지지 않는다. 오히려 증폭돼 기운을 더 빼놓는다. 감정을 있는 그대로 경험하면(힘든 감정도 영원히 지속되지는 않는다) 억지로 밀어낼 때보다 에너지가 훨씬 덜 소모된다.

반응 조절 능력을 키울 수 있다. 감정을 회피하려고 발버둥 치면 통제 불능 상태가 된 듯 무력해지고 감정에 압도당한다. 반면에 감정을 있는 그대로 받아들이면 내면세계를 들여다볼 기회가 생겨 내면을 다루는 능력을 키울 수 있다. 가령, 감정의 강도를 낮추거나 지속 시간을 줄이고 보다 빨리 회복함으로써 감정을 유연하게 다룰 수 있게 된다.

감정이 전하는 메시지에 집중할 수 있다. 감정은 감각 지능과 통찰의 원천으로, 나의 욕구는 무엇이고 진정한 자아에 충실하려면 어떤 행동을 취해야 할지와 관련해 중요한 단서를 제공한다. 소위 나쁘다고 하는 부정적 감정도 쓰임이 있다. 가령, 두려움은 내 몸을 보호하기 위해 발동하며 죄책감은 잘못을 속죄하고 싶다는 신호다. 감정을 전달자로 보면 감정에 대처하는 방식도 바뀐다.

감정의 균형을 강화할 수 있다. 수용은 자기 자신을 포기하지 않고도 감정과 벌이는 씨름을 멈춘다는 점에서 수동적 체념과는 다르다. 감정을 수용하면 오히려 정신이 더 건강해져 감정의 기복이 줄고 삶의 만족도가 전체적으로 높아진다. 무엇보다 높은 감수성을 극복의 대상으로 보기보다는 장점으로 활용하기가 쉬워진다.

감정은 곧 경쟁력이다

STRIVE 자질 중 하나인 감수성은 균형이 잡히기만 하면 여러모로 도움이 된다. 다음을 명심하라.

- 고성과자의 90%는 정서 지능이 높다.
- 코칭 기업 베터업BetterUp의 연구에 따르면, 조사에 응한 경영진의 92%는 감정을 관리하는 능력과 같은 대인 관계 기술을 오늘날의 기업 환경에서 우선시되는 주요 능력으로 평가했다.
- 감수성이 높은 관리자가 이끄는 팀은 서로를 더 잘 믿고 더 높은 실적을 내며 더 혁신적이다.

- 인사 담당자의 75%는 감수성이 풍부한 직원을 승진시킬 가능성이 높다고 답했다.
- 감수성이 높은 직원은 자신의 감정에 더 적극적으로 대응하므로 동기 부여가 잘돼 일을 미루지 않고 자신감과 장기 목표의 성취도가 높다.

내면의 중심을 찾아라

아무리 강한 감정이라도 휘둘리기 전에 주도권을 잡아 조절할 수 있다. 모든 감정은 육체적 에너지의 형태로 시작되므로 현재에 집중하고 정서적 경험과 자아를 통제하는 가장 빠르고 확실한 방법은 생리 작용을 진정시키는 것이다. 일단 내면의 중심을 찾고 나면 현재의 감정을 파악하고 그 감정이 전하는 메시지에 귀를 기울일 수 있다.

인간의 신경계는 충전과 방전, 자극과 이완을 주기적으로 반복하도록 설계돼 있다. 문제는 예민한 노력가의 경우 과도한 자극을 받아 만성적으로 받아 감수성이 통제 불능 상태가 될 때가 많다는 데 있다. 예민한 노력가는 교감 신경계가 활성화되면 반응의 강도가 처리 능력을 넘어서므로 감정에 쉽게 압도된다. 몸이 투쟁하거나 도피할 준비를 하면서 스트레스 호르몬이 분비되고 혈압과 심박수가 증가한다. 다른 무엇보다 먼저 신체의 생리 반응을 관리하고 신경계를 이완하는 정신적 방법을 배워야 하는 건 바로 그래서다.

마음의 중심을 잡는 간단한 방법으로는 그라운딩이라 불리는 마음챙김 기법이 있다. 그라운딩은 휴식과 회복을 담당하는 부교감 신경계를 활성화한다. 부교감 신경이 작동하면 심장 박동이 느려지고 전전두엽 피질의 혈류가 증가해 의사 결정 능력과 집중력이 높아진다. 그라운딩은 각성을 담당하는 뇌 부위의 신경에 직접적으로 영향을 미쳐 진정해도 괜찮다는 신호를 몸과 마음에 보낸다. 그라운딩 수련법은 심호흡과 점진적 이완부터 시각화에 이르기까지 수십 가지가 있다. 대부분 눈에 띄지 않는 방식이라 직장에서 일하거나 전화할 때, 운전할 때도 할 수 있다. 다음은 내가 가장 좋아하는 그라운딩 기법들로, 이번 장의 '실전 연습'을 해보면 본인에게 가장 잘 맞는 기법을 찾을 수 있을 것이다.

5-4-3-2-1 기법

주변에 보이는 사물 중 다섯 개를 골라라(흰색 메모지나 천장의 점 등). 각 사물을 소리 내서, 혹은 마음속으로 자세히 묘사하라. 이제 무릎 위에 얹은 손이나 입안의 혀처럼 만지거나 촉감을 느낄 수 있는 것을 네 개 골라라. 느껴지는 질감과 온도와 감각에 주목하라. 세 번째로, 들리는 소리를 세 개 골라라(전화벨 소리나 에어컨이 돌아가는 소리 등). 네 번째로, 지금 나는 냄새를 두 개 말하라(아무 냄새도 안 난다면 제일 좋아하는 냄새 두 개를 말하라). 마지막으로, 혀에 느껴지는 맛을 한 개 골라라(입에 감도는 치약 맛 등). 오감을 작동시키면 지금 이 순간에 더 쉽게 집중할 수 있다.

주먹 쥐었다 펴기

불편한 감정을 두 손바닥에 모두 모으는 상상을 하라. 5~10초간 주먹을 꽉 쥐어라. 그런 뒤 쥐고 있던 감정이 풀려나 없어지도록 힘을 빼고 손을 펼쳐라.

박스 호흡

4초 동안 숨을 들이쉬어라. 4초 동안 숨을 참아라. 4초 동안 숨을 내쉬어라. 숨을 뱉은 채로 4초 동안 참아라. 이 네 단계를 3~5분 동안 반복하는 게 제일 좋지만 1분만 해도 효과를 체험할 수 있다. 박스 호흡을 처음 해본다면 따라 하기 좋은 안내 영상을 참고해도 좋다.

그라운딩은 걱정이나 두려움, 수치심처럼 강도 높고 부정적이며 소모적인 감정이 평온함이나 만족감, 차분함처럼 강도가 낮고 긍정적인 감정으로 바뀌도록 돕는다. 마음이 편안해지고 무엇이든 뜻대로 할 수 있다는 자신감과 활기가 차오르는 것이다. 무엇보다 감정을 공정한 방식으로 처리하고 살펴볼 수 있게 된다.

심신이 평온하고 침착한 상태가 되면 앞으로 취할 조치를 결정하기가 더 쉬워진다. 물론 예민한 노력가들은 선택지가 너무 많은 이 단계를 가장 어렵게 느낄 것이다. 걱정할 필요 없다. 개인적으로나 직업적으로 나만의 경계와 핵심 가치, 취향과 어긋나지 않는 결정을 내리는 법을 앞으로 차차 배울 것이다. 지금은 우선 스스로에게 다음 질문을 던져보라.

- 결정을 내리는 데 필요한 정보를 모두 확보했는가? 아니라면 상황을 더 잘 파악하기 위해 무엇을 할 수 있는가?
- 하지 않아 후회되는 행동이나 말이 있는가?
- 어떤 행동을 선택했을 때 얻을 수 있는 최악의 결과는 무엇인가? 그렇게 돼도 괜찮은가?
- 어떤 행동을 선택했을 때 얻을 수 있는 최상의 결과는 무엇인가? 그 결과에 만족하는가?

시작하는 법

1. **감정을 구체적으로 파고들어라.** 말로 표현할 수 없는 것을 관리할
   수는 없으니 감정을 구체적으로 규정하라. 가령, 나는 의뢰인이 직
   장에서 일의 우선순위가 자꾸 바뀌어 부담스럽다고 하면 그 감정
   을 더 깊이 파고들게 한다. 원하는 결과를 낼 수 없을 것 같아 스스
   로가 실망스러운지, 팀원들을 실망시킬까 봐 걱정되고 부끄러운
   지 직시하게 한다. 연구에 따르면, 감정에 이름을 붙이자마자 그
   감정의 지배력이 사라졌다.

2. **감정과 거리를 둬라.** 감정을 글로 표현해 객관적으로 바라보라.
   '내가 (   )을/를 느끼는 이유는…' 문장을 완성하라. 예를 들면 "내
   가 당혹감을 느끼는 이유는 할 일이 너무 많은데 그 일을 다 끝낼
   시간이 부족하기 때문이다." 이렇게 적으면 감정과 거리를 둘 수
   있고 그 감정이 일시적인 내적 경험일 뿐이라는 믿음이 생긴다.

3. **환경을 바꿔라.** 문제 상황에서 잠시 벗어나는 것은 언제나 도움이
   된다. 산책을 하거나 소파에 앉아 짧게 명상을 하거나 자리에서 일
   어나 커피 한잔을 마시기만 해도 좋다.

4. **영웅을 떠올려라.** 존경하는 사람이 누군가의 방해로 회의가 중단
   되거나 임금 인상이 거부되는 등 감정에 압도되는 상황에 직면하
   면 어떻게 할지 상상해보라. 그들은 이럴 때 어떻게 대처할까? 이
   질문의 답을 바탕으로 내 감정에 어떻게 대처할지 정할 수 있다.

5. **감정을 촉발하는 계기를 파악하라.** 감수성이 지나치게 높아질 때의 상황과 사람에 주목해두면 앞으로 비슷한 일이 벌어졌을 때 내가 보일 반응을 더 잘 예상하고 관리할 수 있다. 가령, 시간에 쫓길 때 공황 상태에 빠진다면 팀원과의 일대일 면담 시간을 30분에서 45분으로 늘리는 등의 방법으로 시간의 압박을 줄여라.

뭉쳐 있는 감정 근육 풀기

직원들이 퇴근하고 사무실이 비자 캐서린은 베스의 이메일을 여러 번 반복해 읽었다. 지금처럼 화가 난 상태로는 생산적인 내용의 답장을 보내거나 현명한 대처법을 떠올릴 수 없었으므로, 캐서린은 노트북을 닫고 잠시 자신의 몸에 집중했다. 종일 웅크리고 있었는지 어깨가 아팠다. 캐서린의 스트레스 반응 중 하나였다. 캐서린은 이 사실을 인지하고 몸의 긴장부터 풀기로 했다. 감정이 사라지길 바라거나 무시하는 대신 책상에 앉은 채로 박스 호흡을 하니 바로 몸의 긴장이 풀렸다. 메모지에 '내가 (   )을/를 느끼는 이유는…' 문장을 기본으로 지금의 감정을 글로 적었다. 생각을 글로 표현하니 후련할 뿐 아니라 뭉쳤던 근육이 풀리는 게 느껴졌다.

몸의 긴장이 풀리고 정신이 맑아지자 캐서린은 다음 날 출근하자마자 베스를 만나기로 약속을 잡았다. 여전히 화가 났지만 프로젝트를 예정대로 진행시키려면 수준 높은 결과물을 내는 마크가 필요했다. 캐서린은 이 문제를 웹사이트 공개 작업을 무사히 치른 뒤 마크와 직접 해결하기로 했다.

다음 날 베스와 웹사이트 디자인을 검토한 캐서린은 팀 채팅방을 통해 마크에게 의견을 전했다. 마크가 캐서린에게 디자인을 먼저 보이지 않았다는 사실을 베스가 알고 한숨을 쉬자 캐서린은 이렇게 말했다.

"문제라는 거 압니다. 웹사이트 공개 후에 제가 직접 해결하겠습니다."

"잘 처리하리라 믿지만 그 전에 나도 한마디 할게요."

베스가 말했다. 베스는 마크에게 보내는 의견서의 말미에 앞으로는 보고할 내용이 있으면 캐서린에게 먼저 하라는 문구를 추가해 넣었다.

캐서린은 문제가 생각보다 빨리 해결돼 다행이라고 생각했다. 게다가 두려워했던 것과 달리 베스는 캐서린에게 전혀 실망한 것 같지 않았다. 다음 상담 때 캐서린과 나는 앞으로 마크를 어떻게 상대해야 할지 의논하기 시작했다. 캐서린의 사례는 8장에서 핵심 가치를 논할 때 다시 다룰 것이다. 또한 적극적 의사소통 법을 논하는 12장에서는 캐서린이 마크와의 문제를 어떻게 해결했는지 살펴볼 것이다.

나에게 맞는 자기 관리

자기 관리를 논하지 않고 정서적 행복을 논하는 것은 불가능하다. 자기 관리는 정서적 행복을 위한 필수 요소지만, 어떤 활동을 했을 때 단순히 기분이 좋아진다고 그 활동이 내게 도움이 되는 것은 아니다. 기분 전환이나 회피 욕구에서 비롯된 자기 관리가 그렇다. 쇼핑이나 간식 섭취를 통해 현실을 도피하거나 힘든 하루를 보낸 뒤 포도주를 마시며 '나는 마실 자격이 있다'며 합리화하는 경우다. 그러나 진정한 자기 관리는 에너지를 고갈시키기보다는 충전해주는, 보람 있는 습관을 통해 이뤄진다.

신체적 자기 관리: 운동, 건강한 식단 유지, 수분 섭취, 아플 때 쉬기, 충분한 수면 등이 해당된다.

정서적 자기 관리: 감정을 규정하고 받아들일 뿐 아니라 경계를 정하고 거절할 줄 아는 것도 정서적 자기 관리다.

영적 자기 관리: 종교 활동뿐 아니라 상위 자아나 우주와 연결하는 모든 의식이나 습관도 영적 자기 관리다.

지적 자기 관리: 리얼리티 텔레비전 쇼보다 다큐멘터리를 보거나 힘든 하루를 보내고 나서 배우자에게 회사 일에 대해 분통을 터트리는 것보다는 함께 보드게임을 하면 정신에 자양분을 공급하는 게 낫다. 최근에 어떤 의뢰인이 말했듯, 직장에서 자기 홍보를 하는 것도 자기 관리라 할 수 있다.

사회적 자기 관리: 친구와 저녁을 먹거나 엄마에게 카드를 보내거나 온라인 커뮤니티에서 힘이 되는 조언을 구하면 서로를 존중하는 돈독한 관계를 쌓을 수 있다.

안정성을 높이는 자기 관리: 재정을 관리하고 진로를 계획하는 것이 여기에 해당된다.

스트레스를 받거나 감정을 주체하지 못할 때는 자기 관리가 잘되고 있는지 돌아보라. 각각의 관리에 쏟은 시간과 에너지가 균형을 이루고 있는가? 자기 관리는 유동적이라 기분이나 상황, 날에 따라 방식이 다를 수 있다. 어떤 날은 뇌가 휴식을 취하도록 몇 시간 쉬는 게 좋지만, 어떤 날은 슬럼프를 뚫고 할 수 있는 일을 어떻게든 하는 게 효과적일 수 있다.

실전 연습

나에게 맞는 그라운딩 기법 고르기

1부에서는 자기 자신을 돌아보고 평가했다. 이제 2부에서는 현재 상황과 스스로를 대하는 새로운 방식을 실험해볼 것이다. 각각의 그라운딩 기법을 시도해보고 마음의 중심을 찾는 효과가 가장 큰 기법 한두 개를 찾아라.

실행 방법

1. **조용한 시간을 골라라.** 퇴근 후나 주말처럼 조용히 집중할 수 있는 시간대를 골라 10~15분간 이번 장에 소개된 그라운딩 기법을 실행하라. 각각의 기법은 길어야 1~2분밖에 안 걸린다.

2. **최근에 감수성의 균형이 깨졌던 상황을 떠올려라.** 1장의 실전 연습에서 감수성 불균형에 해당하는 점수를 매겼다면, 균형이 깨졌던 상황을 떠올려라. 기대에 부응하지 못해 부끄러웠거나 프로젝트가 생각보다 빨리 진행되지 않아 실망스러웠을 수도 있다. 불쾌한 경험이겠지만 당시의 상황을 생생하게 떠올려 그 순간에 집중하라.

3. **각각의 기법을 실행한 뒤 잠시 멈춰라.** 몸 상태가 어떻게 변하는지 관찰하라. 호흡이 느려졌는가? 생각이 달라졌는가? 머리가 맑아졌을 것이다. 그리고 각자의 경험을 적어라. 처음에는 작은 변화를 목표로 삼아라. 어색하더라도 포기하지 마라. 뇌를 재설계하는 일이니 처음에는 어색하게 느껴질 수 있다.

4. **공감이 가는 그라운딩 기법을 하나 골라라.** 고른 기법을 마음먹고 꾸준히 실천하라. 비교적 가벼운 감정이 일어날 때마다 자주 연습해보는 게 핵심이다. 그래야 강한 감정에 휩싸일 때 선택한 기법의 효과를 볼

수 있다.

5. **시작 신호를 만들어라.** 그라운딩 기법을 언제든 시행할 수 있다는 사실을 일깨우는 신호를 만들어라. 포스트잇에 적어 점심 도시락에 붙이거나 근무를 시작할 때마다 울리도록 캘린더 앱에 알림을 설정하라.

5

과도한 생각 멈추기

"과도한 생각 대신
'모든 걸 다 알지 못해도 괜찮다'라고 믿을 때 따르는
압도적 평화를 선택하라."

_모건 하퍼 니콜스Morgan Harper Nichols

결정할 일과 따져봐야 할 역학 관계가 한두 개가 아닌 근무 중에 온갖 잡념이 꼬리에 꼬리를 무는 경험은 누구나 한다. 그러나 과도한 생각, 즉 자신만의 상념에 쉽게 사로잡히는 경향은 사려 깊음과 경계심이 지나치게 높아질 때 발생하며 귀한 시간과 에너지를 소모하는 부정적 순환 사고에 갇히게 만든다.

과도한 생각은 다양한 형태를 띠며 과도한 생각을 할 때 스스로에게 하는 말들은 사실이 아닐 때가 많다. 자동차의 엔진 경고등처럼 과도한 생각은 STRIVE 자질을 다시 살펴보고 조절하라고 주의를 환기시키는 신호다. 이 책의 기법들을 일상적으로 실천하다 보면 이 같은 조절 작업이 습관처럼 자연스러워질 것이다. 그러나 처음에는 다

음 사연의 주인공인 캐시처럼 성장할 기회를 잡기 위해 사고방식을 적극적으로 바꿔야 할 수도 있다.

"오늘은 어땠어? 기조연설 준비는 잘돼가?" 캐시의 아내가 주방에서 복도로 고개를 내밀며 물었다. "못 하겠어." 캐시가 한숨을 내쉬며 말했다. "그레그한테 못 하겠다고 말하려고. 그럼 나 대신 그레그가 연단에 서야 할 거야."

일주일 전 캐시의 상사인 그레그는 캐시에게 인적 자원 개발 분야에서 가장 규모가 큰 연례행사에서 회사를 대표해 연설해 달라고 부탁했다. 캐시의 회사가 정보 통신 기술을 활용해 공정한 채용 제도를 구축한 과정을 설명하는 연설이었다. 그레그가 처음 이 제안을 했을 때 캐시는 기쁘게 수락했다. 임원들에게 눈도장을 찍고 동료들 사이에서 기대주로 떠오를 좋은 기회라고 생각했다.

그러나 지금은 마음이 오락가락해 콘퍼런스 참석 여부조차 정하지 못하고 있었다. 직업을 바꾼 지 4년밖에 안 된 터라 안 그러려고 해도 자꾸 자신의 모자란 면만 떠올랐다. 캐시는 주방으로 들어와 식탁에 앉아서는 눈을 내리깐 채 말했다.

"몇 주 전에 그레그가 나더러 그러는 거야. 좀 더 간결하게 의사 전달을 하면 좋겠다고. 그렇게 중요하고 규모가 큰 자리에서 연설하면 다 들통날 거야. 내가 얼마나 어설픈지."

"아, 제발 좀!" 캐시의 아내가 소리쳤다. "발표는 당신이 최고라고 그레그가 얼마나 많이 칭찬했는지 잊었어? 작년에 회사 파티에서 나도 들었다고. 게다가 소프트웨어 구현한 거 다 자기 생각이잖아. 제발, 캐시! 사소한 피드백 하나로 약해지지 마."

　캐시는 대학을 졸업하고 몇 년간 초등학교 교사로 일하다 4년 전 예산 삭감으로 해고됐다. 이후 대학원에서 교육학 학위를 딸 생각도 했지만 더 보람되고 직업적으로도 안정적인 인적 자원 개발 분야로 진로를 바꾸기로 했다. 성장과 발전에 늘 목말라 배움의 욕구가 강했던 캐시는 아르바이트로 생활비를 벌면서 야간과 주말에 공부해 인적 자원 관리 학위를 취득해야 했지만 힘들지 않았다. 심지어 역량을 키우기 위해 관련 자격증 취득 프로그램에 등록하기도 했다. 야망이 큰데다 교육까지 받아 매력적인 구직자가 된 캐시는 다른 두 지원자를 제치고 금융 서비스 회사의 인사부 직원으로 채용됐다. 그리고 입사한 지 1년도 안 돼 관리자로 승진했다.

　새로 맡은 직위는 더없이 만족스러웠다. 상사인 그레그는 캐시에게 힘을 실어주었고 캐시의 성장 가능성을 높게 평가했다. 동료들도 친절하고 협조적이며 유쾌했다. 그야말로 꿈에 그리던 직장 환경이었다. 캐시는 출근하자마자 헤드폰을 쓰고 점심때까지 쉴 틈 없이 채용 관련 업무를 처리했고, 그 시간이 즐거웠다. 캐시가 채용 과정에서 무의식중에 반영되는 편견을 제거하는 소프트웨어를 처음 떠올린 건 바로 그때였다. 교사로 일할 때 캐시는 기술을 활용해 다양성과 포용성을 증진하는 교내 프로젝트에 참여한 적 있었다. 지금의 회사에도 비슷한 기술을 적용하면 채용 가능한 인력의 범위가 넓어져 우수한 인재를 선발할 가능성이 높아질 터였다. 캐시의 제안을 받아들인 그레그는 캐시에게 소프트웨어를 구현하는 프로젝트를 맡겼고, 프로젝트는 대성공을 거뒀다. 다음 인사 고과 때 캐시가 또 한 번 승진되고 연봉도 인상되리라는 소문이 돌 정도였다.

캐시도 컨디션이 좋은 날에는 옳은 길에 들어섰다는 확신과 자신감이 들었다. 그러나 그렇지 않은 날에는 자신감이 떨어져 '너는 뭐가 뭔지 하나도 모르잖아'라고 외치는 내면의 비판적 목소리에 휘둘려 심란해졌다. 캐시는 말주변이 좋아 맡은 프로젝트가 어찌어찌 하다 보니 성공했을 뿐이라고 자신의 공을 과소평가했다. 재능과 근면성, 뭐든 배우겠다는 강한 의지 덕분이라는 생각은 전혀 하지 않았다. 그레그가 회의에서 캐시가 기여한 바를 칭찬할 때도 캐시는 웃어넘기며 요행으로 치부했다. 또다시 해고될지 모른다는 불안감에 잠자리에서 뒤척일 때도 많았다. 그러던 차에 콘퍼런스 연단에 올라 그간에 이룬 일을 설명할 생각을 하니 저절로 최악의 시나리오가 떠올랐다.

"다들 내가 엉터리라는 걸 눈치 챌 거야! 도저히 못 하겠어." 캐시는 아내와 저녁상을 차리며 말했다. "아직은 못 하겠다고 하지 마." 아내는 캐시를 격려했다. "며칠 뒤에도 지금 같은 기분인지 보고 결정해." 캐시는 크게 기대하지 않았다. 시간을 두고 생각한다고 달라질 것 같지 않았다. 이번 기회를 포기하면 후회할 게 뻔했지만, 캐시는 비생산적인 고민과 자기 평가에 제동을 걸지 못했다. 아무리 노력해도 과도한 생각이 멈춰지지 않았다.

과도한 생각의 다양한 얼굴

과도한 생각이 드러나는 방식은 다음과 같다.

반추

반추는 지난 일을 되새김하며 과거에 머무르는 것이다. 반추할 때는 지나간 상황을 머릿속으로 몇 번이고 돌려보며 분석한다. 과거에 한 대화를 다시 떠올리고 대화를 나눈 상대의 신체 언어를 해부하고 내가 한 일이나 하지 않은 말을 곱씹는다. '~라면 어땠을까?' 시나리오(내 소신을 밝혔다면 어땠을까? 그 일을 맡았다면 어땠을까? 상사에게 더 빨리 연락했다면 어땠을까?)를 짜는 것도 흔한 반추 사례다.

미래에 대한 불안

미래를 걱정하느라 현재를 즐기지 못하는 것이다. 가령, '내일 발표할 때 준비한 내용을 다 잊어버려 망신을 당할 거야'라고 생각하거나 가족과 놀 때 마감일 걱정에 사로잡혀 주의가 산만해지는 경우다.

가면 증후군

유능하고 기량이 뛰어난데도 왠지 모르게 자신이 가짜나 엉터리라는 의심이 드는 심리 현상이다. 가면 증후군에 걸린 사람은 자신의 역량을 의심하고 전문 지식을 과소평가하고 성공하면 운이 좋았다고 치부한다. '내가 할 수 있으면 누구나 할 수 있어' 또는 '나는 실제로는 겉보기만큼 똑똑하지 않아'라고 생각한다.

우유부단

직면한 상황을 다각도로 보기는 하나, 실수가 두렵고 선택의 효과를 극대화하고 싶은 마음에 다양한 행동 방침 중 하나를 쉽게 고르지 못하는 태도다. 우유부단하면 주말 계획을 짜놓고도 잘 짰는지 확신이 없어 고민하거나 분석 마비(조사나 분석을 지나치게 많이 하는 것)로 행동이 지체된다. 남의 눈치를 보느라 주저하거나 자기와의 약속을 어기는 것도 우유부단의 사례다.

생각에 이름을 붙인 뒤 재구성하라

과도한 생각을 촉발하는 부정적 자기 대화를 심리학 용어로 인지 왜곡이라 한다. 인지 왜곡은 익숙해져서 소리가 나는 것조차 깨닫지 못하는 백색 소음과 같아 인지하기 어렵지만 분명 존재한다. 인지 왜곡의 특징은 다음과 같다.

- 온갖 형태의 과도한 생각을 일으키는, 무의식적이고 자기 비판적인 사고 패턴이다.
- 근거 없는 가정에 바탕을 두므로 부정확하며 알게 모르게 정신적 고통을 야기한다.

- 확연히 드러나는 두려움과 언뜻 떠오르는 직감이 줄다리기를 벌인다.

과도한 생각의 무익한 사고방식을 바꾸는 가장 효과적인 전략은 생각에 이름을 붙인 뒤 재구성하는 것이다. 예를 들면 아래와 같다.

타협의 여지가 없는 극단적인 관점

'이 일을 제대로 하지 못하면 나는 완전한 실패자다.'

-> 상황의 미묘한 부분을 들여다본다. 갈림길이 두 개뿐이라면 잠시 멈춰 다른 길은 정말 없는지 자문한다. 특히 '아니면'이나 그러나 대신 '그리고'를 쓴다.

-> 이번 주에는 잘된 일도 있었고 잘 안 된 일도 있었다.

과잉 일반화

'나는 늘 일을 망친다.'

-> '늘', '절대 안 되는', '모두'처럼 극단적인 단어를 쓰지 않는다. 상황을 개별적으로 바라본다. 어떤 일이 한 번 일어났다고 꼭 다시 일어나는 것은 아니다.

-> 이번 발표는 내 실력을 충분히 발휘하지 못했다. 다음 발표는 더 잘할 것이다.

긍정적 면 과소평가하기

'누구나 할 수 있는 일이었다.'

-> '잘하긴 했지만…' 하고 성취를 깎아내리려는 마음이 들면 자신의 확실한 장점을 들어 반박한다.

-> 이 일에 있어서 나는 유능하며 다른 사람들도 그렇다고 인정한다.

내가 통제할 수 없는 일에 대한 자책

'프로젝트가 실패한 건 내가 더 많은 시간을 쏟지 않았기 때문이다.'

-> 자신의 실수에 관대해진다. 자기비판보다는 자기 연민이 의욕을 높인다. 내가 통제할 수 있는 일과 없는 일을 열거해본다.

-> 시간을 더 엄격하게 관리할 수는 있으나, 무슨 프로젝트든 내가 통제할 수 없는 부분이 있음을 잊지 말자.

근거 없는 판단과 속단

'그가 내 이메일에 답을 보내지 않았다. 나를 싫어하는 게 분명하다.'

-> 다른 가능한 이유나 상황을 보는 방식을 다섯 개 찾아본다(손가락으로 하나씩 세라). 두려움에 근거한 예측이 맞아떨어진 적이 몇 번이나 되는지, 내가 한 가정을 검증하기 위해 무엇을 할 수 있는지 따져본다.

-> 내 이메일에 답하지 않은 걸 보니 바쁜 모양이다. 어떤 상황인지 당사자에게 직접 알아보고 기분 나쁘게 받아들이지 말자.

생각을 말로 표현한 뒤 바꾸면 관점이 달라져 전보다 건설적인 방식으로 상황을 해석하게 된다. 그러면 정신적으로 교착 상태에 빠지는 대신 새로운 가능성을 보고 해결책을 찾을 수 있다.

생각을 재구성하는 것은 언제나 완벽하게 균형 잡힌 생각을 하기 위해서가 아니라(그건 불가능하다), 생각의 속도를 늦춰 더 큰 그림을 조망하기 위해서다. 부정적 생각을 억지로 긍정적으로 바꾸는 게 아니다. 비판적이기보다는 열린 마음과 호기심을 갖고 공정하게 사안을 바라보라고 뇌에 부드럽게 신호를 보내는 것이다.

인지 왜곡의 유형은 많지만 이 책에서는 예민한 노력가가 겪는 가장 흔한 유형과 재구성 방법을 알아볼 것이다. 이번 장의 '실전 연습'을 통해 자신의 인지 왜곡을 규정하고 무력화하면 6장에서 논할 직감에 귀 기울일 준비가 될 것이다.

시작하는 법

1. **고무줄을 튕겨라.** 고무줄이나 머리끈을 손목에 걸고 다녀라. 과도한 생각을 하고 있다는 느낌이 들면 고무줄을 튕기며 조용히 "그만!"이라고 말하라. 다시 현재에 집중하게 돼 반추나 미래에 대한 걱정에서 벗어날 수 있을 것이다.

2. **내면의 비판자를 의인화하라.** 마음속 비판자에게 무해한 이름을 붙여라. 어떤 의뢰인은 실체가 모호한 비판적 자아에 '바트'라는 이름을 붙여 위협적인 느낌을 크게 줄였다. 또 다른 의뢰인은 1달러 매장에서 산, 사랑스럽게 생긴 작은 괴물 모양 조각상을 책상에 올려두었다. 비판적 자아는 생각만큼 거대하고 무섭지 않다는 점을 상기시키는 상징물이었다.

3. **생각을 날려 보내라.** 각각의 무익한 생각을 풍선이라고 생각하라. 풍선에 달린 줄을 놓고 풍선이 공중으로 떠올라 사라지는 장면을 상상하라.

4. **생각을 갖고 놀아라.** 나는 벨린다 칼라일Belinda Carlisle의 〈Heaven Is a Place on Earth〉나 핸슨Hanson의 〈MMMBop〉의 멜로디에 맞춰 자기 비판적 생각을 노래로 부른다. 생각의 글꼴을 바꿔 유머와 가벼운 느낌을 더하는 방법도 있다. 생각의 폰트가 조그마한 코믹 산스체로 바뀐 모습을 상상해보라. 생각을 가볍게 받아들이기가 훨씬 쉬워질 것이다.

생각 추적 기법 활용하기

―――――――――

그 주 내내 캐시는 기조연설을 망치는 악몽을 꾼 탓에 매일 식은땀을 흘리며 잠에서 깼다. 지금 하는 일이 정말 좋았고 최근에 이룬 성취가 자랑스러워 한편으로는 회사를 대표해 연단에 서고 싶기도 했다. 그러나 캐시는 맥 빠지는 연설을 했다가 무능력이 들통나 결국에는 전처럼 해고될지 모른다는 두려움을 떨치지 못했다.

다행히 캐시가 그레그와 만나기 전날은 상담이 있는 날이었다. 캐시는 이미 반 년 전부터 내게 코칭을 받고 있었다. 그 시간 동안 나는 이 책의 전략과 실전 연습을 통해 캐시가 자신의 두려움을 파악하고 아무리 큰 두려움도 캐시에게 해를 입힐 수 없다는 사실을 깨닫도록 도왔다. 이번 상담에서는 평소에는 강점일 때가 많은 캐시의 사려 깊음이 연설과 관련한 결정을 내릴 때는 독이 되고 있다는 점을 일깨웠다. 또한 캐시가 자신의 긍정적 면을 과소평가하고 있다고 지적했다. 캐시는 새로운 직장에서 지난 2년간 이룬 성취와 발전은 무시하고 그레그의 건설적인 평가 하나에만 집중했다. 기조연설을 둘러싼 우유부단의 근본 원인을 파고들자, 캐시는 끊임없이 지속돼 캐시에게 가면 증후군을 일으킨 생각에 주목하기 시작했다. 또한 새로운 도전을 앞두고 긴장할 때마다 캐시는 자신도 모르게 '늘 그러듯 이번 일도 망치고 말 거야'라고 과잉 일반화를 한다는 걸 깨달았다. 생각에 이름을 붙이자 캐시는 몇 년 전 정리해고를 당할 때 자신감을 잃었음을 인정했다. 또한 그레그에게 좀 더 간결하게 말하면 좋겠다는 조언을 들은 건 그때 한 번뿐이며 오히려 그 부분을 개선할 좋은 기회라는 점도 받아들였다.

그레그에게 생각이 바뀌었다고 말할지, 연설문을 쓰기 시작할지 곧 결정을 내려야 하는 상황이라, 나는 이번 장의 실전 연습에서 배울 생각 추적 기법을 활용했다. 우선 연설할 기회를 포기하는 결정과 기회를 잡는 결정을 저울질할 때 정확히 어떤 생각이 들었는지 말하게 했다. 상담하는 동안 우리는 캐시의 부정적 자기 대화를 글로 적었고 나는 캐시가 그 생각들을 인지 왜곡의 유형과 연결하도록 도왔다. 우리는 끊임없이 반복되는 캐시의 부정적 생각 중 하나를 함께 분석했다. 캐시가 일을 완벽하게 해내지 못하면 자신이 엉터리라는 걸 모두에게 들키리라는 생각이었는데, 이는 전부 아니면 전무식 사고에 해당했다. 그런 뒤 그 생각을 지지하는 증거와 반박하는 증거를 찾았다. 입사한 지 얼마 안 돼 승진하려면 실력을 입증해야 하는 것도 맞았고, 영향력 있는 사람들에게 실력이 노출되는 중요한 기회인 것도 맞았다. 그러나 반박하는 증거도 있었다. 그레그는 캐시의 발표 능력이 최고라고 칭찬했다. 또한 지난 2년을 돌아보니 회사에서 제공하는 직원 교육을 받은 덕분에 청중 앞에서 발표하는 기술이 는 것도 사실이었다. 기조연설은 소규모 청중을 대상으로 하는 사내 발표와 다르긴 하지만 그동안 익힌 기술을 충분히 활용할 수 있었다. 마지막으로 우리는 캐시가 직장에서 느끼는 성취감과 소속감에 주목했다. 캐시는 큰 성공을 거둔 채용 계획은 전문 지식과 통찰력을 자신만의 방식으로 조합한 결과임을 인정했다.

그날 밤 잠들기 전, 캐시는 6개월 전 작성한 허가서를 꺼내 다시 읽었다. 허가서에는 다양한 인재를 뽑는 채용 계획을 끝까지 해낼 자유뿐 아니라 뜻하지 않게 교직에서 물러나야 했지만 성공할 자유를 스스로에게 허락하는 내용이 적혀 있었다.

다음 날 아침, 캐시는 기조연설을 하기로 마음먹었고 2주 뒤 그레그를 만나 연설문 초안을 검토하기로 약속을 잡았다. 생각이 복잡한 게 당연한 상황이었으나, 캐시는 생각에 이름을 붙이고 재구성한 덕분에 앞으로 나아갈 용기를 낼 수 있었다.

캐시의 사례는 실패를 딛고 일어서는 법을 다루는 13장에서 다시 살펴볼 것이다. 어쨌든 그날 밤 캐시는 아내와 와인을 마시며 축하했고 숙면을 취할 수 있었다. 과도한 생각을 멈추고 원하는 목표를 달성하는 데 방해가 되기보다는 도움이 되도록 STRIVE 자질을 활용하는 결정을 내린 덕분이었다.

실전 연습

생각의 균형 잡기

과도한 생각은 해결하기 불가능한 문제로 느껴질 수 있다. 생각 일기를 쓰면 인지 왜곡을 시각화함으로써 해결 가능한 문제로 만들 수 있다. 일기를 쓰다 보면 마음이 차분해지고 스스로를 불쌍히 여기는 마음이 커져 상황과 자기 자신을 바라보는 일이 한결 편해질 것이다.

실행 방법

1. **상황을 묘사하라.** 과도한 생각의 원인은 무엇인가? 언제, 어디에서 그런 생각을 했으며 관련 인물은 누구인가?

2. **부정적 생각을 글로 표현하라.** 완벽하게 표현할 필요는 없다. '내 마음을 나도 잘 모르겠지만 _____ 와(과) 관련이 있는 건 아닐까?' 정도만 적어도 괜찮다.

3. **해당되는 인지 왜곡의 유형을 골라라.** 가장 흔한 유형은 전부 아니면 전무식 사고와 필터링, 속단이다.

4. **부정적 생각의 타당성을 입증하는 증거를 적어라.** 의견과 해석이 아니라 객관적 사실이어야 한다. '나는 일을 끔찍하게 못 한다'는 의견이고, '이메일을 작성하다 오타가 났다'는 사실이다.

5. **반박하는 증거를 적어라.** 부정적 생각을 반박하거나 내 생각이 틀릴 때도 있다는 걸 보여주는 경험적 증거가 있는가(아주 사소한 경험이라도 괜찮다)?

6. **부정적 생각의 결과를 적어라.** 육체적, 심리적, 직업적 결과를 적어라.

7. **균형 잡힌 생각을 목록으로 작성하라.** 현실에 근거하며 희망적이고 고

무적인 문장일수록 좋다. 다음의 질문에 답하면서 적절한 문장을 찾아보라.

- 자신감 있는 사람은 어떻게 대처할 것 같은가?
- 가장 친한 친구가 같은 문제를 겪는다면 어떻게 접근하라고 조언할 것 같은가?
- 어떤 생각을 하면 기운이 나고 활기가 생길 것 같은가?
- 만사가 잘 풀린다면 어떤 믿음이 생길 것 같은가?

8. **느낀 점을 적어라.** 균형 잡힌 생각을 하면 어떨 것 같은가? 두려움이 곧바로 행복감으로 바뀌지는 않겠지만, 답답한 마음이 편안해지기만 해도 굉장한 발전이다.

6

직감을 믿어라

"직관적 사고는 신의 선물이고 이성적 사고는 충실한 종이다.
인간은 종은 숭배하면서 신의 선물은 잊어버린 사회를 만들었다."

_알베르트 아인슈타인Albert Einstein

상담을 시작한 지 1년쯤 지났을 때 트래비스(3장 참고)는 갈림길에 섰다며 조언을 구했다. 새로 시작한 사업이 워낙 잘돼 사업에 전념하는 모험을 할지, 병원의 상근직을 계속 유지할지 고민이라고 했다. 월수입이 수천 달러에 달하고 대기 명단이 있을 정도로 트래비스의 사업은 번창했다. 그 대신 주말에도 일해야 할 때가 많아 달리기를 하거나 배우자나 친구들과 시간을 보내는 여유가 없어졌다.

한편으로는 직원에서 사업가로 도약할 생각에 가슴이 설렜다. 그러나 다른 한편으로는 퇴사하기가 두려웠다. 현실적으로 퇴사는 보장이 탄탄한 건강 보험과 고정적 수입의 포기를 뜻했다. 게다가 트래비스는 현재 맡고 있는 직무와 팀원들이 좋았고, 환자들의 생명을 구하고 병원이 원활하게 돌아가는 데 필수적인 역할을 한다는 자부심이 있었다.

컨설팅 일도 고객을 실망시키기 싫어 한꺼번에 너무 많은 프로젝트를 떠맡기는 했지만, 그러면서 경험을 쌓고 있었다. 문의가 꾸준히 들어오는 걸 보면 수요가 있는 건 확실했다. 그러나 신중한 예민한 노력가가 흔히 그러듯, 트래비스도 후회할 결정은 하고 싶지 않았다. 다양한 정보와 의견을 고려하는 예민함은 평소 트래비스가 기술적 세부 사항을 포착하고 해결하는 데 큰 도움이 됐지만, 지금은 혼란만 가중시켰다.

심리학자 일레인 아론의 표현에 따르면, 트래비스의 머릿속에서는 잠재적 위험에 직면하기 전에 속도를 늦추라고 경고하는 '잠시 멈춰 점검하는 시스템'이 작동하고 있었고, 그도 그 사실을 알고 있었다. 이 시스템은 과거에는 도움이 됐으나(회의 때 무식해 보일 말을 무심결에 내뱉지 않게 하거나 회식 때 과음해 실수하지 않게 했다), 지금은 트래비스의 발목을 잡는 족쇄가 됐다. 트래비스는 밤늦도록 커피를 마시며 자신이 아는 합리적 의사 결정 방법을 모두 시도해봤다. 장단점 목록을 만들었고, 스왓(SWOT, 장점, 단점, 기회, 위협) 분석도 했고, 향후 5년 동안 예상되는 수입 내역을 뽑아보기도 했다. 그러나 결심이 서기는커녕 더 지치고 불안해졌다.

소셜 미디어를 확인하는 것도 도움이 안 되기는 마찬가지였다. 사업을 더 키우라는 메시지며 부업을 백만 달러 규모로 키우는 법을 알려주겠다는 코칭 프로그램 광고, 사업을 하는 다른 동료들이 벤처

자금을 조달했다고 자축하는 게시물이 끊이지 않았다. 트래비스는 컨설팅 업계의 스타가 돼야 한다는 압박감에 짓눌렸다. 사실 스타 컨설턴트가 되는 것은 수입원을 다변화하고 기량을 십분 활용하겠다는 애초의 사업 목적에 어긋났다. 트래비스는 늘 사업을 시작하겠다는 말만 했을 뿐 연금을 주는 직장에 평생 머물렀던 아버지처럼 되기는 내심 싫었다. 그러나 그 경험을 근거로 어떤 결정을 내려야 더 행복하고 충만한 삶을 살 수 있을지는 알지 못했다.

나와 상담을 할 때쯤 트래비스는 현재 상황을 분석하는 온갖 복잡한 생각과 부담감에 짓눌려 있었다. 그런데 손익을 따져보고 가능한 선택지를 다각도로 고려한 트래비스가 딱 한 가지 염두에 두지 않은 것이 있었다. 바로 직감이다.

대중의 믿음과 달리 직감은 초자연적이거나 영적 개념이 아니다. 직감과 관련된 복잡한 신경학적 기제가 존재하며 본능적 직감은 굉장한 도움이 될 수 있다. 그러나 안타깝게도 대다수의 예민한 노력가는 직감을 무시하고 타인의 의견을 본인의 의견보다 우선시한다. 여러분도 아마 그런 식으로 결정을 내렸다가 손해를 본 경험이 있을 것이다. 직감은 쉬라고 하는데도 탈진하거나 아플 때까지 무리한 적이 있을 것이다. 또는 새롭고 색다른 아이디어가 있는데도 망신을 달할 위험을 감수하기 싫어 그냥 잠자코 있었을 것이다. 그럴 때마다 모범생 콤플렉스의 증상이 발현됐을 테고, 그때의 감정은 1장에서 작성한 '균형의 바퀴'에 반영됐을 것이다. 2부의 전반부인 4장과 5장에서는 내가 필요로 하고 원하는 것이 고스란히 반영된 삶을 살도록 나의 생각과 감정을 정확히 인식하는 법을 살펴봤다. 이렇게 내면의 중심을 찾고 부정적 자기 대화의 껍질이 벗겨지고 나면 직감의 안내를 받아 진정한 자아가 드러낸다.

예민한 노력가의 직감

예감, 육감, 내면의 소리라고도 불리는 직감은 의식적 추론을 하지 않고도 무언가를 즉각적으로 깨닫는 능력이다. 답과 해결책이 저절로 떠오르지만 왜, 어떻게 떠올랐는지는 알 수 없다. 심리학적으로 말하자면, 직감은 암묵적 기억(경험에서 얻은 정보를 무의식적으로 기억하고 활용하는 능력)의 영역에서 작동하며 일종의 정신적 패턴 맞추기 게임이라 할 수 있다. 뇌는 어떤 상황에 처하면 과거의 경험과 기억, 학식, 욕구, 취향을 재빨리 가늠한 뒤 그 상황에 맞는 가장 현명한 결정을 내린다. 이때 직감은 마음속 신호등 역할을 한다. 상황이 좋지 않거나 준비가 안 됐을 때는 속도를 조절하거나 멈추라고 신호를, 괜찮을 때는 전속력으로 달려도 좋다는 신호를 보내는 것이다.

　　예민한 노력가는 남들이 놓치는 정보를 포착하고 처리하는 능력뿐 아니라 패턴을 인식하고 서로 다른 정보를 종합하는 능력이 뛰어나다. 주변 세상과 자기 자신에 관한 지식 저장고에 끊임없이 새로운 데이터를 추가해 직감이 남보다 발달했다는 뜻이다. 이들은 직감을 적극적으로 활용하지는 않더라도 매일 직감의 덕을 본다. 관리자라면 직속 부하 직원의 속마음을 넌지시 떠보기만 해도 직원의 의욕 저하를 감지해 의욕을 높일 조치를 취할 수 있다. 신상품을 개발 중이라면 직감적으로 올바른 방향을 잡을 수 있다. 나도 의뢰인과 코칭 상담을 할 때 늘 육감에 의존한다. 타인의 생각과 행동에 질서와 체계를 잡아 주는 것도 내가 하는 일이므로 때로는 의뢰인이 말로 표현하지 못하는 문제의 근본 원인을 찾기 위해 직감을 활용한다.

직감은 추상적이라 설명하기가 쉽지는 않다. 비언어적이며 에너지의 형태를 띠는 감각이나 인상에 가깝다. 그러나 몇 가지 구체적 사례를 들자면 다음과 같다.

육감

과학자들이 장(腸)을 '제2의 뇌'라고 부르는 데는 이유가 있다. 사람의 소화관에는 1억 개의 신경 세포로 구성된 거대한 신경망이 존재한다. 신경 세포의 수가 척수보다 많다는 것은 장의 정보 처리 능력이 매우 뛰어나다는 뜻이다. 누구나 어려운 결정을 내릴 때 속이 울렁거린 경험이 있을 것이다. 장이 보내는 확실한 신호다. 연구에 따르면, 장의 신호를 감지하는 능력이 평균 이상인 헤지 펀드 트레이더가 더 높은 실적을 올렸다.

신체 징후

직감은 자각몽이나 질병처럼 다른 신체 징후를 통해 신호를 보내기도 한다. 상담을 하다 보면 직감이 작동할 때 의뢰인들의 어조가 달라지는 걸 자주 목격한다. 하트매스 연구소의 연구진은 이를 '에너지 민감성'이라고 부른다. 이들의 연구에 따르면, 에너지 민감성이 커지면 심장의 리듬이 나머지 장기를 관장하는 신경계의 리듬과 맞춰지면서 인식과 에너지, 평정심이 높아졌다.

번뜩이는 발상

과학자들은 직감에 의존해 우연히 혁명적 발상을 할 때가 많다. 직감에 의한 혁신은 페니실린과 벨크로처럼 세상을 바꾸는 발견을 낳았다. 호기심 어린 열린 마음을 유지하고 당면한 문제를 잠재의식에 스며들게 두면 정보의 창의적 연결이 더 잘 이뤄진다. 샤워할 때 좋은 생각이 떠오르는 건 그래서다. 마음이 편안한 상태에서 뇌의 무의식 모드(심리학자들은 '디폴트 네트워크'라 부른다)가 작동하면 새로운 연결을 가능케 하는 새로운 신경 경로가 만들어진다.

동시성

직관적 사고는 주변 환경을 살펴 중요하지 않은 정보를 걸러내고 필수 정보만 남기는, 망상활성계라는 뇌 부위를 자극한다. 새로운 고객을 확보할 방법이나 이직을 고민할 때 갑자기 그럴 기회가 찾아오는 건 그 때문이다. 뇌가 기회를 찾고 있었던 것이다. 따라서 눈앞에 새로운 선택지가 나타났을 때 실행에 옮기면 더 긍정적인 결과를 낼 수 있다.

확신

분석적 사고에 직감을 더하면 지적 능력에만 의존할 때보다 더 빠르고 정확하고 나은 결정을 내릴 수 있고 그 결정에 대한 믿음이 커진다는 연구 결과가 있다. 인생을 좌우하는 중요한 결정을 내릴 때는 특히 더 그렇다. 연구에 따르면, 자동차를 구매할 때 세심하게 분석하기만 하는 사람은 구매에 만족하는 비율이 25%였으나 직감을 활용한 구매자는 60%에 달했다. 얇게 조각내기(수많은 정보 중 일부만 파악해 결론을 내는 무의식적 능력-옮긴이), 즉 빠른 인식 능력을 활용하면 뇌가 과도한 생각에 빠지지 않고 현명한 결정을 내리게 할 수 있다.

두려움과 직감의 차이

직감과 두려움을 구별하기란 쉽지 않다. 두려움은 요구가 많거나 구속적인 반면, 직감은 나를 인도하고 보호하려 한다. 가령, 두려움은 출세할 좋은 기회를 놓칠 수도 있으니 새로운 임무를 맡으라고 시킨다. 반대로 직감은 이미 능력에 비해 너무 많은 일을 하고 있으니 거절하라고 격려한다. 다시 말해 직감은 내게 가장 큰 이익이 되는 행동을 하도록 부드럽게 개입한다. 직감과 두려움의 다른 차이는 다음과 같다.

《노 하드 필링스》의 공동 저자인 리즈 포슬린Liz Fosslien은 직감에 주도권을 넘기는 데 일가견이 있다. 4년 전 리즈는 신생 음악 미디어 회사의 편집장직을 제안받았다. 처음에는 능력을 인정받은 것 같아

두려움과 직감의 차이

두려움	직감
위협이나 벌을 피할 때처럼 밀어내는 에너지	내게 가장 큰 이익이 되는 쪽으로 당기는 에너지
정신없고 위급한 느낌	차분한 느낌
불안이 원동력	자신감과 자기 신뢰가 원동력
몸이 긴장하고 수축하는 느낌	몸이 확장되고 이완되는 느낌
크고 극적인 말투	조용하고 침착한 말투
바쁘고 혼란스러울 때 발달	고요할 때 발달
인지 왜곡이 반영된 생각을 유도	내면의 지혜가 반영된 생각을 유도
숨거나 순응하거나 타협하라고 강권	나만의 속도로 진행하면서 능력을 발휘하고 나의 욕구와 취향을 따르라고 강권

뿌듯했으나 흥분이 가라앉고 나니 중요한 결정이 기다리고 있었다. 제안을 받아들여 2주 안에 지금 사는 서부 해안에서 뉴욕으로 이사할지, 기회를 잡지 않을지 결정해야 했다면서 리즈는 이렇게 말했다.

"어찌해야 좋을지 몰라 우울감에 빠졌어요."

초조한 마음에 친구와 멘토는 물론이고 우버 운전기사까지 붙잡고 조언을 구했다고 했다. 트래비스처럼 리즈도 자신의 감정은 건너뛴 채 고도로 합리적이고 복잡한 의사결정 방법에 의지했다. 분석에 분석을 거듭했지만 답은 나오지 않았다. 결정을 꼭 내려야 하는 기한이 다 되어서야 리즈는 드디어 직감에 귀를 기울였다. 지금처럼 계속 서부 해안에서 사는 미래를 상상하자 후회감이 저릿하게 밀려왔다.

길거리에서 큼지막한 프레츨을 먹으며 새로운 동료들과 어울리는, 뉴욕에서의 삶을 상상하니 긴장됐지만 설레고 짜릿했다. 결국 리즈는 제의를 받아들였다.

입사하고 2년 동안 온갖 우여곡절과 급격한 변화를 겪었지만 리즈는 한 번도 그때의 선택을 후회하지 않았다. "인생을 좌우하는 그렇게 중요한 결정을 감정에 근거해 내렸지만… 지나고 보니 그렇게 어리석은 결정이 아니었더군요."

이 책을 쓰는 동안 나도 두려움과 직감 사이를 헤맨 적이 있다. 뉴욕에서 열리는 어느 이름난 회사의 행사에서 기조연설을 해달라는 부탁을 받았을 때였다. 영향력 있는 사람들이 참석하는 자리라 좋은 기회가 될 터였다. 그러나 연설을 하려면 이 책을 쓰고 코칭 상담을 하면서 2주 안에 완전히 새로운 연설문을 작성해 익혀야 했다. 나는 어떤 선택을 해야 좋을지 몰라 심란해졌다. 기회를 놓칠지 모른다는 두려움과 '어떻게든 방법을 찾아! 안 되면 되게 하라고! 이런 기회를 놓칠 순 없어. 초청받은 것만으로도 기뻐해야지'와 같은 생각에 사로잡혔다. 그러나 친구와 이 문제를 의논하는 동안 직감이 분명한 신호를 보냈다. 기조연설을 준비하는 과정과 내가 치러야 하는 온갖 희생을 이야기할 때는 목이 조여드는 느낌이었지만, 초청을 거절하고 집필에 집중하는 이야기를 할 때는 어깨의 짐을 내려놓은 듯 안도감이 들었다. 직감을 따르니 내가 통제할 수 있고 부담 없는 타협안을 찾을 수 있었다. 나는 기조연설 초청을 사양하기로 했고, 그럼에도 대중 연설

능력을 키우는 노력을 계속 기울이기로 했다. 연설문을 작성하고 개선하는 법을 내 속도에 맞춰 가르쳐줄 프레젠테이션 코치를 고용하기도 했다. 몇 달 뒤 포춘 500대 기업에 드는 몇몇 대기업과 스탠퍼드 대학교에서 연설 초청을 받았을 때 내 직감은 해도 좋다는 신호를 보냈고, 나는 연사로서 최고의 모습을 보여줄 수 있다는 확신을 갖고 제의를 수락했다.

직감은 무의식에 쌓인 나만의 빅데이터

통념을 따르자면 중요한 결정을 내릴 때는 최대한 많은 정보를 모으고 고심해 가장 합리적인 답을 찾아야 한다. 그러나 정답이 하나뿐인 경우는 거의 없다. 나에게 맞는 답이 있을 뿐이다. 직감을 따르는 법을 터득하면 내 진짜 모습을 반영한 선택을 한다는 확신이 생겨 의도적이고 수월하게 결정을 내릴 수 있다.

직감은 분석적 사고가 효과가 없는 상황에서 빛을 발하긴 하지만, 직감을 따른다고 논리를 버리는 것은 아니다. 사실 직감은 전통적으로 가치 있게 여겨지는 객관적 데이터에만 집중하지 않고 다양한 내적 데이터와 외적 데이터를 통합하는, 일종의 고차원적 추론이다. 앞으로 결정을 내릴 때는 종이에 간단히 '네/아니오'로 답해야 하는 질문을 적어라(디지털 기기로 하면 효과가 없으니 손으로 직접 써라). 학교로 돌아갈지 말지, 또는 어떤 지원자에게 새 직책을 맡길지 등 고민 중인 문제에 집중하라. 너무 어렵다면 저녁을 어디에서 먹을지, 사내 사교 행사에 참석할지 말지처럼 간단한 질문부터 시작해도 좋다. 그리고 최대한 구체적으로 써라. 가령, '책임을 더 많이 지면 행복해질까?' 보다는 '먼 도시의 지사로 옮기라는 제안을 받아들이는 게 내게 이득이 될까?'라고 물어라. 질문 밑에 '네/아니오'를 적고 펜을 근처에 두고 몇 시간 뒤 종이를 다시 보자마자 원하는 답에 동그라미를 쳐라. 답이 마음에 들지 않을 수도 있지만 솔직하게 답할 수밖에 없을 것이다.

직감을 따르는 것은 최종적으로 어떤 결정을 내리든 상황을 명확하게 인식하는 최선의 방법이다. 결정을 내리는 과정 자체에 너무 많은 에너지를 소모하는 예민한 노력가에게 이는 특히 중요하다. 결정을 실행하는 데 더 많이는 아니더라도 최소한 동일한 집중력과 사고력이 요구될 테니 그때 쓸 에너지를 아껴야 하기 때문이다.

직감을 따르면 얻을 수 있는 또 다른 중요한 혜택은 확신이다. 연구에 따르면, 직감을 바탕으로 결정을 내리는 사람들은 결정에 대한 확신이 더 컸고 직감을 근거로 내린 결정이 자신의 진정한 자아를 더 잘 반영한다고 느꼈다. 확신이 중요한 건 다수의 선택지가 주어질 때가 많고, 어떤 선택지든 예측 불가능한 면이 있으며 장단점이 있기 때문이다. 주어진 정보로 최선의 선택을 했다는 확신이 있으면 뒤늦게 불평하는 마음이 덜 생기고, 최종 목적지가 어디든 자신이 선택한 여정을 즐길 수 있다.

지금껏 늘 타인에게 조언을 구했다면 처음에는 직감을 따르는 게 불편하게 느껴질 것이다. 가족이 경영하는 업체의 사장이었던 어떤

119

의뢰인은 남의 시선을 지나치게 신경 쓰는 탓에 결정을 잘 내리지 못했다. 남의 감정을 해치거나 내분을 일으킬지 모른다는 두려움 때문에 실적을 못 내는 직원을 해고하길 꺼렸고, 직원의 역할과 책무를 때에 따라 바꾸는 일을 등한시했다. 자신의 이 같은 회피 행동이 다년간 지속된 생산 관련 문제의 원인이 됐고 그로 인해 배송이 지연되고 매출이 부진했음을 깨달은 그는 조치를 취하기로 마음먹었다. 직감을 바탕으로 결정을 내리는 방식에 큰 흥미를 느낀 의뢰인은 '탈억제의 날'을 따로 정해 그날 하루는 무슨 말과 행동을 하든 직감을 따르기로 했다.

직감을 따르자 문제의 원인이 된 직원 간의 갈등을 해결할 용기가 생겼다. 또한 자기도 모르게 장기 목표에 도움이 되는 결정을 내렸고, 작업 현장에서 직원들과 돈독한 관계를 맺는 일처럼 귀찮지만 매우 중요한 일에 시간을 투자하기 시작했다. "무엇을 해냈는지뿐 아니라 내가 어떤 기분으로 어떻게, 얼마나 빨리 했는지가 중요해졌어요." 그는 후에 이렇게 말했다. "직감을 따르니 본질을 꿰뚫을 수 있더군요. 이제는 어떤 상황이 벌어지든 최상의 마음 상태로 대처할 수 있습니다."

실험이 큰 성공을 거두자 그는 '탈억제의 날'의 적용 범위를 넓혔다. 덕분에 동업자에게 속마음을 털어놓는 등 평소였다면 주저했을 다양한 상황에서 용기를 낼 수 있었다.

더없이 진실된 마음을 바탕으로 결정을 내리는 법을 하루아침에 배울 수는 없겠지만, 시간이 지나면서 직감은 더 정확해질 것이다. 연습하면 할수록 주변에서 무슨 일이 벌어지든 일상에서 STRIVE 자질의 균형을 더 잘 유지하게 될 것이다.

시작하는 법

1. **결정을 테스트하라.** 과도한 생각에 빠지기보다는 시험 삼아 결정을 내려봐라. 이삼일 동안 옵션 A를 선택한 것처럼 행동하면서 어떤 생각과 감정이 드는지 관찰하라. 그런 뒤 같은 방식으로 옵션 B를 시험하라. 다 끝난 뒤 본인의 반응을 찬찬히 돌아봐라.

2. **열린 마음을 키워라.** 관찰력은 예민한 노력가의 강점이니 새로운 생각과 태도, 통찰력에 눈과 마음을 열고 대상을 관찰하라. 재미 삼아 흥미가 가는 주제를 하나 골라 일주일 동안 탐구하라. 평소 듣지 않는 장르의 음악을 듣거나 잘 모르는 분야의 팟캐스트를 들어라.

3. **여유 시간을 확보하라.** 내면의 통찰에 귀를 기울이려면 긴장을 풀고 경험을 되돌아볼 시간이 필요하다. 나는 일정 사이사이에 최소한 15~20분의 여유 시간을 끼워 넣는다. 이 시간 동안 나 자신에 집중하고 자극을 받은 신경계를 재정비하면 현 상황의 정보를 더 잘 통합하고 이해할 수 있다.

4. **의사 결정의 피로감을 최대한 줄여라.** 우리는 하루에도 수많은 결정을 내린다. 아침으로 무엇을 먹고 답메일을 어떻게 쓸지 등 정신적 및 정서적 에너지를 고갈시키는 결정이 한두 개가 아니다. 따라서 사소한 결정을 제거할수록 정말 중요한 결정을 할 때 쓸 에너지가 비축된다. 주간 식단 계획표나 캡슐 옷장(최소한의 옷으로만 채운

옷장 - 옮긴이) 등을 활용해 규칙적인 일과와 의식을 미리 정해 따르면 지적 에너지를 아낄 수 있다.

5. **직감을 따랐다가 결과가 좋았던 경험을 떠올려라.** 지금껏 "직감을 따른 게 후회됩니다"라고 말한 의뢰인은 한 명도 없었다. 오늘 당장 몇 분만 시간을 내 살면서 직감을 믿었던 경험을 다섯 가지 떠올리고 결과가 좋았는지 돌아보라. 결과적으로 다 옳은 결정이지 않았는가? 믿을 만한 의사 결정 도구로써 직감에 관심을 기울여라. 결정이 쉬워질 것이다.

직감을 믿고 최선의 선택을 하면 된다

상담 때 트래비스는 한동안 낮았던 민감성이 다시 높아졌다고 했다. 매일 커피를 수도 없이 마셨고 툭하면 야근을 했고 좋아하는 달리기도 전처럼 하지 못해 신경이 예민해지고 짜증이 늘었다고 했다. 우리는 민감성의 균형을 되찾을 방법뿐 아니라 기존의 직장을 퇴사하고 컨설팅에 전념할지 말지 결정할 방법도 상의했다. 트래비스는 아무리 분석을 해도 진전이 없고 더는 고민하기 싫다는 이유만으로 자칫 잘못된 결정을 내릴까 봐 겁이 난다고 했다.

우리는 함께 한 가지 전략을 구상했다. 트래비스는 그 전략대로 토요일 아침 잠에서 깨자마자 노트를 펼쳐 '컨설팅 일에 전념하는 게 좋을까?'라고 적었다. 그런 뒤 곧바로 의뢰가 들어온 프로젝트 작업을 시작하지 않고 장거리 달리기를 했다. 그의 내면에 존재하는 차분한 자아와 조용히 마주할 시간을 갖기 위해서였다. 달리기를 마치고 동업자와 아침을 먹은 뒤 아까 펼쳐놓은 공책을 다시 본 트래비스는 별 고민 없이 '아니오'에 동그라미를 쳤고, 그러자마자 안도감을 느꼈다. 병원 복도에서 만난 환자들이 의료 시스템이 잘 굴러가게 애써줘서 고맙다는 인사를 건넬 때가 떠올랐다. 대규모 정전 사태 이후 컴퓨터 시스템을 재부팅한 뒤 상사와 힘차게 손바닥을 마주쳤던 순간도 기억났다. 만족감이 차올랐다. 병원 일을 그만두지 않으면 그 같은 경험이 계속 쌓일 터였다. 굳이 끊임없이 스트레스를 받고 자유 시간이 거의 없는 과열된 삶을 살 필요가 없었다.

가야 할 길이 선명히 드러나자 트래비스는 앞으로 나아갈 구체적 방법을 찾기로 했다. 나는 상담 때 논의했던 또 다른 기법(독자들도 이번 장의 실전 연습에서 '마음속 이사회' 기법을 연습할 것이다)을 통해 트래비스의 정서적 및 재정적 욕구가 그의 관심사와 직업적 목표와 균형을 이루도록 도왔다. 처음에 트래비스는 작업 중인 컨설팅 일을 마치면 다른 일은 모두 거절하고 다시 병원 일에 전념하고 싶어했다. 그러나 2주 동안 컨설팅 일을 마무리하면서 열린 마음으로 다른 가능한 길을 탐색하려 애썼다. 정답은 하나뿐이 아니므로 매 순간 최선의 선택을 하면 된다는 걸 확실히 깨달은 덕분이었다. 이런 마음가짐으로 보니 컨설팅으로 얻는 부수입은 꽤 큰 장점이었다. 부수입이 없었다면 최근에 집에 한 대규모 리모델링은 불가능했을 것이다. 게다가 컨설팅을 하면서 배우는 것도 많았다. 앞으로 사업을 하거나 새로운 직위에 올랐을 때 컨설팅 경험을 활용할 수도 있었다.

재정적 측면과 개인적 삶이 타격을 입지 않을 방법을 고민한 뒤, 트래비스는 컨설팅을 계속하되 경계를 설정해 일감을 줄이기로 했다. 또한 예상 밖의 시간을 투자해야 할 때는 당당하게 금액을 올릴 수 있으며, 그러면 일감을 반으로 줄여도 수입이 크게 줄지 않으리라는 것도 깨달았다. 그러나 이번 상담의 가장 큰 소득은 따로 있었다. 트래비스는 한동안 잃었던 마음의 평화를 되찾았다. 운동도 하고 잠도 잘 잤으며 퇴근하면 잘 쉴 수 있었다. 트래비스는 자신의 직감을 믿고 따랐을 뿐 아니라 신중하게 계획을 세운 덕분에 남들은 어떨지 몰라도 자신에게는 이로운 결정을 내려 앞으로 나아갈 수 있었다.

실전 연습

내면의 이사회

회의실의 원탁을 상상하라. 내면의 여러 자아가 원탁에 둘러 앉아 있다. 각각의 자아는 관점과 통찰, 동기가 제각기 다른 이사다. 갈림길에 설 때마다 마음속 이사회에 답을 찾아달라고 부탁하라. 답은 바로 나올 수도 있고 시간이 걸릴 수도 있다. 언제 나오든 그 과정에서 내면의 다양한 자아의 목소리에 귀를 기울일 수 있을 것이다.

실행 방법

1. **문제를 파악하라.** 가운데 원에 현재 해결하려 노력 중인 문제나 이루고자 하는 목표를 적어라.

2. **각각의 이사에 이름을 붙여라.** 내 의뢰인들은 보통 이사가 2~4명이었지만 더 많아도 된다. 마음속 이사에 일반적으로 붙이는 이름은 다음과 같다.

   - 내면의 비평가: 내가 쓸모없고 모자란 존재처럼 느껴지게 만든다.
   - 내면의 보호자: 신중하고 성실하며 위험한 상황을 조심한다.
   - 내면의 반항아: 놀고 싶어 하고 책임과 기대를 매우 싫어한다.
   - 내면의 옹호자: 합리적이고 현명하며 힘을 북돋아준다.
   - 내면의 성취자: 임무 완수를 즐기지만 과로하고 모범생 콤플렉스에 시달리는 편이다.

3. **각 이사의 목표와 태도를 분석하라.** 어떤 이사의 목소리가 지나치게

억눌리거나 무시되거나 조용한지 관찰하라. 이사들이 만장일치로 공감하는 감정과 문제에 주목하고 각각의 이사에게 다음과 같은 질문을 하라.

- 당신이 하는 일은 무엇인가? 어떤 기능을 하는가?
- 내가 이 문제를 어떻게 접근하면 좋을 것 같은가?
- 당신이 제안한 방식을 따르면 어떤 결실을 맺고, 따르지 않으면 어떤 문제가 생길 것 같은가?
- 당신의 목표를 이루는 방법은 한 가지 이상인가?
- 내가 다음에 취해야 할 가장 좋은 행동은 무엇이라고 생각하는가?

나에게 건강한 경계를 설정하는 법

"타인의 행동이 당신의 마음속 평화를
깨뜨리게 두지 말라."

_달라이 라마Dalai Lama

늘 나서서 돕는 제시카의 습관은 그녀가 다니는 회사를 수십억 달러
규모로 키우는 데 도움이 됐다. 25년간 앞장서고 정리하고 야근하고
필요하면 남의 일까지 대신 한 끝에 제시카는 5년 전 상장 소매 회사
의 최고 운영 책임자 자리에 올랐다. 직장에서의 지위가 정체성의 근
간이었던 제시카는 마치 모든 문제를 해결하는 게 자신의 직무인 양
사무실을 누비고 다녔다. 직급에 맞지 않거나 갑자기 비행기를 타야
하는 업무도 기꺼이 떠맡아 처리했다.

그러다 보니 자녀의 학교 행사는 가겠다고 약속하고는 빠지기 일
쑤였고 먼 지역의 점포 개설에 급한 문제가 생기면 남편과의 기념일
약속도 취소하고 달려갔다. 제시카는 지금껏 이룬 성취가 자랑스러웠

으나, 내적 동기와 책임감의 필연적 결과로 늘 씁쓸함을 느꼈다. 밤에는 주방 식탁에서 늦게까지 일하느라 남편보다 몇 시간 늦게 잠들 때가 많았다. 엄마와 아내, 임원으로서 제 역할을 못하고 있다는 죄책감과 피로에 늘 시달렸지만, 제시카는 점점 커지는 불안감은 외면한 채 언젠가는 문제가 저절로 해결되리라는 희망으로 버텼다.

상담을 시작할 때 제시카는 회사의 해외 확장 전략을 짜는 데 집중하고 싶다고 했다. 대표이사는 제시카가 이미 일주일에 50시간씩 일하고 있고 오프라인 매장의 수명을 보장할 수 없다는 걸 알면서도 제시카에게 6개월 안에 해외에 신규 지점 다섯 개를 개설하라는 지시를 내렸다. 제시카는 일정표가 꽉 차 회사의 수익성을 높일 전략을 짤 시간이 없다고 불평했다. 내가 시간을 어떻게 분배하는지 묻자 제시카는 1년 전 회사가 확장에 힘쓰기 시작한 뒤로 매일 신규 지점 개설의 세부 계획을 직접 챙기는 데 근무 시간의 절반 이상을 할애한다고 털어놓았다. 사실 임원인 제시카가 직접 하기보다는 감독해야 하는 업무였다.

본점에서 판매 직원으로 처음 일하기 시작했을 때 제시카는 기회가 있을 때마다 나서서 주어진 직무 이상을 해냈고, 해마다 블랙프라이데이와 크리스마스이브에 일했으며, 회사가 지원하는 리더십 연수도 받았다. 10년 사이에 제시카는 판매 직원에서 매니저로, 매니저에서 지역 매니저로, 본사의 관리자로 승진했다. 이후 몇 년 만에 또 부사장으로 승진했지만, 제시카는 이전 직위의 직무를 좀처럼 내려놓지 못했다. 바쁜 팀원들을 돕는 것도 자신이 맡은 중요한 역할 중 하나라고 믿었기 때문이다. 회사는 거침없는 성장세를 보이며 확장을 이어 갔지만 제시카는 업무 진행 속도가 느린 데 대해 여전히 죄책감을 느꼈다. 이제 입사한 지 10년이 넘었으니 다른 무엇보다 전략에 집중해야 한다는 걸 알고 있었다.

"업무를 더 위임해야 한다는 건 알지만, 이왕이면 팀원들이 맡은 일을 제대로 하게 돕고 싶어요."

제시카는 내게 이렇게 말했다. 팀원들이 스스로 일하는 법을 배우지 못하고 있다는 걸 알면서도 제시카는 개입을 멈추지 못했다. 어차피 제시카가 끼어들어 해결해주리라는 걸 아는 팀원들은 방심하다 실수하거나 일을 끝까지 완수하지 않았다.

예민한 노력가들이 흔히 겪듯, 한때 그녀의 출세를 도왔던 제시카의 STRIVE 자질은 균형이 깨진 지금은 역으로 제시카가 공들여 쌓은 탑을 무너뜨리려 했다. 누가 사무실에 들려 "시간 있으세요?"라고 묻기라도 하면 제시카는 이미 할 일이 넘칠 때도 어떤 위기 상황이든 해결하고 말겠다는 각오로 시간을 냈다. 주말에 쉬거나 짧은 휴가를 즐길 때조차 제시카는 자기도 모르게 회사 일을 고민했다. 급기야 결혼 생활도 타격을 입었다. 남편은 소외감을 느끼다 결국 별거를 제안했다. 제시카는 회사에 없어서는 안 될 존재가 된 게 이제는 원망스러웠다. 좌절감과 피로가 쌓였고 남편과의 관계마저 망가지고 있었다. 제시카의 책임감과 내적 동기가 지나치게 높아졌음은 두말할 필요도 없었다. 제시카가 자기 자신과 가족, 팀원을 돕는 길은 하나뿐이었다.

확고한 경계를 정해야 했다.

내게 도움이 되는 일만 수락하라

나와 타인 사이에 거리를 두는 경계는 내게 영향을 미치는 것과 내가 받아들이거나 물리치는 것, 타인이 경계를 넘을 때 반응하는 방식을 통제하는 울타리 역할을 한다. 안타깝게도 예민한 노력가는 경계를 정하는 능력이 남보다 떨어진다. 타인의 반응과 문제에 쉽게 영향을 받고 타인의 욕구를 나의 욕구보다 우선시하기 때문이다. 문제는 그럴 때마다 정신적 자원이 고갈된다는 데 있다. 게다가 예민한 노력가는 경계를 나쁜 것으로 인식하는 실수를 종종 저지른다. 버림받거나 타인의 감정을 상하게 하거나 이기적인 사람으로 비칠지 모른다는 두려움 때문이다. 경계 설정은 헌신적이고 친절한 사람이라는 자신의 자아상에 어긋난다고 느끼기도 한다.

그러나 장담하건대, 건강한 경계를 정하면 타인과 생산적으로 소통하고, 시간과 에너지를 요하는 일에 효과적으로 대응하며, 좋아하는 일에 집중할 여유가 생긴다. 경계를 정하는 건 원하지 않거나 내게 도움이 되지 않는 상황과 사람, 목표는 더 잘 거절하고 좋아하고 도움이 되는 것은 더 잘 수락하기 위해서다.

건강한 경계의 효과는 다음과 같다.

작은 일에 연연하지 않는다. 사소한 골칫거리는 대수롭지 않게 받아들이고 작은 실수에 자책하지 않는다.

자기 자신을 책임진다. 내 반응은 내가 선택할 수 있으며, 상사든 배우자나 애인이든 동료든 친구든 누구도 내 행동과 감정을 강요할 수 없음을 받아들인다.

나만의 우수성 평가 기준을 고수한다. 외부의 압박이나 비교에 흔들리거나 남의 눈치를 보지 않는다.

타인에게 성공할 기회를 준다. 문제를 대신 해결해주기보다는 가끔씩 도움을 청하거나 제공하되 팀원들이 스스로 발전하도록 코치한다.

나에 대해 솔직해진다. 선호하는 소통 방식과 업무 스타일, 직업적으로 원하는 바와 원하지 않는 바를 확실히 표현한다.

경계를 침범하면 대가를 치르게 한다. 누가 경계를 넘으면 회의를 중단하거나 책상을 옮기는 등 행동으로 보여준다. 또는 무안을 주거나 사과를 받는 대신 경계를 재천명할 수도 있다.

스스로에게 한 약속을 지킨다. 크든 작든 스스로 세운 목표는 책임지고 끝까지 달성한다.

자기만의 규칙을 따르기

달리 표현하면, 경계는 삶의 기준이자 개인적으로나 직업적으로 가장 좋은 모습으로 살게 해주는 규칙이나 원칙이다. 여러분도 이미 알게 모르게 삶의 방식과 일하는 방식을 좌우하는 지침이 있겠지만, 무의식적으로 규칙을 따르는 것과 의도적으로 경계를 정하고 실험해보는 것은 하늘과 땅 차이다. 그레첸 루빈Gretchen Rubin은《무조건 행복할 것》을 집필할 때 더 즐겁게 살자는 사명의 일환으로 가장 어려우면서도 가장 유익하며 재미있는 일을 했다. 바로 인생을 관통하는 원칙을 규정하는 일이었다. 그녀에게 가장 중요한 경계인 첫 번째 원칙은 '그레첸이 돼라'였다. 본연의 모습으로 사는 게 늘 어렵게 느껴졌던 그레첸은 책에 이렇게 썼다. "내가 바라는 나의 모습이 있다. 그 모습에 연연하면 내가 진짜 누구인지 알기 어렵다." 그레첸은 가끔 자신의 진짜 관심사와 취향은 외면한 채 와인이나 쇼핑, 요리처럼 실제로는 별로 즐기지 않는 활동이나 주제를 즐기는 척했다고 고백했다. 루빈에게 '그레첸이 돼라'는 사생활뿐 아니라 직장 생활에 적용되는 자신의 진짜 기질과 기호를 있는 그대로 받아들이는 것을 뜻했다. '그레첸이 돼라'는 샌드라 데이 오코너Sandra Day O'Connor 대법관과 나눈 대화에서 영감을 얻어 세운 원칙이었다. 오코너는 행복의 비밀은 '가치 있는 일'을 하는 데 있다고 말했다. 그레첸에게 이 말은 곧 안전한 법조인의 삶을 버리고 위험한 작가의 삶을 택하는 것이었다. 새로운 삶을 선택하고 자신만의 규칙을 따르는 연습을 하면서 그레첸에게는 다음과 같은 일이 더 쉬워졌다.

- 자신의 책에 부정적인 논평을 쓴 서평가에게 우호적인 이메일을 보냈다(서평가는 논평을 담담하게 받아들인 그레첸의 태도를 칭찬하며

자신도 그렇게 되려고 노력하겠다는 답메일을 보냈다).

- 업무 속도가 느려지더라도 어떤 주제를 조사하면서 몇 장씩 메모하고 싶은 욕구를 애써 참지 않고 즐겼다.
- 무리해서 여러 개의 사업 계획을 추진하기보다는 블로그를 시작해 일주일에 6일, 하루에 한 개씩 글을 올리는 데 집중했다.

'그레첸이 돼라'는 선언에 영감을 받은 내 의뢰인은 자기 자신에게 충실한 삶을 살라는 교훈을 늘 되새기기 위해 생일에 '(본인의 이름)이 돼라'는 문신을 팔에 새겨 넣었다. 그 뒤로 그 의뢰인은 담이 커져 자신의 관심사에 부합하는 특별 업무를 요청했고(배정받았다!), 자신의 강점을 더 잘 발휘할 수 있는 직무를 스스로 개발했다(덕분에 억대 연봉을 받았다). 또한 스스로에게 충실하게 살면서 진실성 있는 태도를 보인 덕분에 팀원들에게 더 큰 신뢰를 쌓았으며, 팀원들도 그녀를 따라 본연의 모습에 충실할 수 있었다. 의뢰인은 이제 자신의 남다른 성격적 특징을 감추는 데 에너지를 허비하지 않았다. 그리고 그렇게 아낀 에너지는 자신만의 리더십 및 개인의 스타일을 있는 그대로 받아들이고 표현하는 데 쏟았다. 특유의 장난기와 유머 감각으로 팀을 이끌었고, 머리를 강렬한 색으로 염색해 '프로다운 모습'의 정의를 재정립하기도 했다.

네 가지 감정 분석의 결과를 따르라

의뢰인들이 경계를 정할 때 어디에서부터 시작해야 하느냐고 물으면, 나는 다른 많은 것들이 그렇듯 내면에서 시작하라고 답한다. 내면의 정서 반응을 관찰해 얻은 데이터를 활용하라는 뜻이다. 우리는 이미 4장에서 마음이 차분한 상태에서 감정이 보내는 메시지에 귀를 기울이는 방법을 배웠다. 이제 그 방법을 실전에 적용할 차례다. 이번 장에서는 내가 고안했으며 의뢰인들에게 효과가 좋았던 간단한 내면 분석법을 알아볼 것이다. 네 가지 감정, 즉 긴장감, 분개심, 좌절감, 불편함 중 하나가 느껴지면 경계가 필요하다는 신호다. 네 가지 감정이 생기는 상황을 해결하면 원하는 것은 더 하고 원하지 않는 것은 덜 할 여유가 생긴다.

긴장감

초조함이나 두려움, 산만함을 지속적으로 야기하는 압박감이나 부담감. 중요한 일의 성패가 내 능력에 달렸다고 생각한다. 어떤 상황의 책임이 내게 있다고 느낀다.

스트레스는 과제에 대한 집중력을 높이므로 스트레스가 높은 상황에서 과제를 수행하는 능력은 바람직한 리더십 기술이다. 하지만 긴장이 해소되지 않으면 편안하게 쉬면서 재충전할 수 없다. 다음 기준(타인이나 자기 자신이 세운)을 충족해야 한다는 부담감에 늘 시달리기 때문이다. 어떤 상황에서 두려움이 촉발되는가? 내 몸은 내가 언제 스스로를 혹사하는지 알려주기 위해 어떤 메시지를 보내는가? 스스로 질문해본다.

분개심

어떤 상황이나 사람을 떠올릴 때마다 느끼는 장기간 쌓인 가슴속 응어리나 분노, 질투심. 인정받지 못하거나 과소평가된 느낌. 분개심은 표출되지 않은 분노다. 내 삶의 중요한 규칙이나 기준, 기대가 타인에게 짓밟혔다는 신호다(스스로가 등한시했을 수도 있다). 분개심은 선택의 기회를 제공한다. 묵은 상처를 털어내고, 자기주장을 하며, 불균형을 바로잡는 선택을 할 수 있다. 하지만 분개심을 느끼는 상태로는 상대에게 공감하거나 상황을 객관적으로 접근하는 것이 사실상 불가능하다. 문제 해결 능력이 아니라 자기 연민만 커진다. 어떨 때 부당한 대우를 받고 있다는 생각이 드는가? 내가 기대하는 바를 용감하고 명확하게 표현하려면 어떻게 해야 할까? 분개심 자체를 털어버리려면 무엇을 해야 할까? 스스로 질문해본다.

좌절감

무언가를 바꾸거나 이룰 수 없어 타인, 또는 자기 자신에게 실망하거나 짜증이 나거나 불쾌한 마음. 무언가를 추구하다가 차단되거나 가로막히는 느낌. 현재의 접근법이 더는 먹히지 않아 전환점이 필요하다. 같은 일을 계속 반복하고 있는데 늘 기대와 다른 결과가 나온다. 좌절감은 의미 있는 목표를 향해 나아가고 있지만 그 목표를 이룰 더

135

나은 방식이 있다고, 뇌가 내게 보내는 메시지다. 하지만 좌절감은 내가 진정으로 원하는 것을 포기하고 그보다 못한 것에 안주하게 만든다. 내가 통제할 수 있는 요소는 무엇인가? 어떻게 하면 목표를 이루는 방식을 유연하게 바꿀 수 있을까? 오늘 당장 바꾸면 변화를 불러올 사소한 생각이나 행동은 무엇인가? 스스로 질문해본다.

불편함

심각하지는 않지만 좀처럼 사라지지 않는 불안이나 조바심, 죄책감, 당혹감. 보통 직감이 어딘가 잘못됐다는 신호를 보낸다. 불편한 감정은 원하는 것을 명확히 밝힌 뒤 그것을 이루는 방향으로 조치를 취하라는 신호다. 간헐적이고 가벼운 불편함은 새로운 것에 도전하고 실험하고 있다는 신호이거나 마음에 안 드는 환경을 바꿀 기폭제가 될 수 있다. 하지만 지나친 불편함은 성장으로 이어지지 않는다. 한계를 넘어 스스로를 밀어붙이면 탈진할 수밖에 없다. 나는 언제, 어디서 하기 싫은 일을 억지로 하게 되는가? 어떤 상황에서 에너지가 고갈되거나 불안해지는가? 스스로 질문해본다.

네 가지 감정이 생기는 모든 상황에 경계를 정해야 할까? 아니다. 일단 감정이 생기는 상황의 패턴을 찾아라. 반복되는 패턴을 찾다 보면 나의 내적 생활을 지켜줄 새로운 규칙을 만들 수 있을 것이다.

시작하는 팁

1. **자신에게 맞는 페이스를 유지하라.** 지킬 수 있고 쉽게 실행 가능한 경계를 정하라. 이 책의 다른 모든 것이 그렇듯, 꾸준하고 점진적인 발전을 목표로 삼아라. 그러면 내가 정한 경계를 더 잘 지킬 수 있고, 그렇게 자기 자신의 욕구를 존중하는 사람이 되면 스스로에게 당당해질 수 있다.

2. **새로운 경계를 알아야 할 사람이 누군지 파악해 알려라.** 보통 팀원이나 상사, 고객, 가족, 친한 친구 등 나와 가장 가깝거나 소통을 자주 하는 사람이다. 가령, 퇴근해서 오늘 하루는 어땠는지 대화를 나누기 전에 조용히 혼자 긴장을 풀 시간이 필요하면 그렇다고 배우자에게 알려라.

3. **반발을 각오하라.** 주변 사람들은 현재 상태를 유지하고 싶을 수도 있다. 그렇다면 변화를 꾀하는 당신에게 창피를 주거나 문제를 과소평가하거나 마음을 바꾸라고 설득할 것이다. 그들에게 휘둘려서는 안 된다. 자신에게 가장 좋은 것이 무엇인지 안 이상 차분하고 지속적으로 자기주장을 하라.

4. **스스로를 지켜라.** 경계는 타인의 부정적 반응으로부터 나를 지켜주는 보호막이다. 레이디스 겟 페이드Ladies Get Paid의 창립자(겸 동명의 책 저자)인 클레어 와서맨Claire Wasserman은 경계를 정할 필요가 있는 어려운 협상이나 긴장되는 대화를 하기 전에 황금빛 갑옷

을 입은 모습을 상상한다. 또 다른 효과적인 시각화 기법으로는 가상의 지퍼를 힘차게 올리는 것이다. 코트의 지퍼를 잠그듯 배 아랫부분에서 머리 위까지 가상의 선을 따라 지퍼를 쫙 올려 잠가라.

5. **죄책감을 느낄 각오를 하라.** 처음에는 원하는 바를 표현하는 게 미안할 수도 있다. 그래도 사과하지 마라(잠시 후 사과 대신 할 말을 알아볼 것이다). 5장에서 배운 재구성 기법을 활용해, '경계를 정해도 괜찮아' 또는 '죄책감이 든다는 게 꼭 무언가를 잘못했다는 뜻은 아니야'와 같은 말을 되뇌라.

0순위는 언제나 '나'다

다음 상담 때 나는 제시카에게 네 가지 감정 테스트를 시켰다. 테스트 결과 가장 확실히 드러난 감정은 분개심이었으며 제시카의 분개심은 이용당하고 무시당한다는 느낌에서 비롯된 것으로 보였다. 제시카는 자신이 "대표가 나를 함부로 대해"나 "팀원들이 나를 무시하는 느낌이야"라는 말을 자주 한다는 걸 깨달았다. 사실, 제시카가 어떤 감정을 느끼도록 강요하는 사람은 아무도 없었다. 타인이 감정에 영향을 미칠 수는 있어도, 감정에 대한 책임은 오로지 제시카 자신에게 있었다.

제시카는 대표와 팀원들의 행동을 두고 불평하느라 에너지를 소모하기보다는 분개심을 있는 그대로 받아들이고 건전하고 생산적인 조치를 취하기로 했다. 특히 더는 가족과의 약속을 깨지 않겠다고 굳게 다짐했다. 매주 월요일과 수요일은 오후 4시 정각에 퇴근해 하교하는 아이들을 태워 운동 경기나 방과 후 활동에 데려갔다. 그 시간대는 일정표에서 미리 비워뒀고 회사에도 그 사실을 알렸다. 남편과도 더 많은 시간을 보내기로 하고 매주 목요일 밤은 남편과의 데이트를 위해 비웠다.

대표와 팀원들은 처음에는 제시카의 새로운 경계를 받아들이지 못했다. 왜 질문에 바로 답하지 않고 중요한 사안에 즉각 대응하지 않느냐며 발끈하는 내용의 이메일을 제시카에게 보내기도 했다. 죄책감을 느낀 제시카는 예전으로 돌아가고 싶은 충동을 느꼈다. 그러나 승진에 필수적인 고차원적 업무와 가족을 위한 시간을 확보하겠다는 각

139

오를 되새기며 마음을 다잡았다. 몇 주 뒤 부하 직원과 동료들은 제시카의 새로운 일정에 적응했고 팀원들은 그녀가 없어도 앞장서서 일을 완수했다. 제시카는 그제야 한 걸음 물러나는 것이 모두에게 득이 된다는 사실을 인정했다. 동료들도 할 일을 충분히 잘해냈고, 제시카가 자신도 모르게 조성한 과로 문화도 차츰 사라졌다. 이렇게 제시카의 경계는 주변 사람들에게 영향을 미쳤다. 팀원들은 생산성이 확실히 높아졌을 뿐 아니라 상시 대기 중일 필요가 없어진 덕분에 더욱 즐겁게 회사 생활을 했다.

경계를 정하고 지키는 일은 앞으로도 계속해야 할 일이었지만, 제시카는 부담을 느끼지 않도록 한 번에 하나씩 경계를 실행하기로 했다. 우선 긴장감과 분개심, 좌절감, 불편함의 가장 심해지는 상황부터 시작했다. 우선 가족을 더 많이 챙기겠다고 스스로에게 한 약속을 지키려면 최상의 상태를 유지해야 했고, 그러려면 규칙적인 숙면을 취해야 했다. 제시카는 주중에는 밤 10시에 잠자리에 들 준비를 해 11시에는 불을 끄기 시작했다. 처음에는 일할 시간이 줄어 걱정됐으나, 잘 쉬고 나니 오히려 효율성이 높아졌고 덕분에 회사의 전략적 방향을 고심하는 데 더 많은 시간을 할애할 수 있었다. 또한 제시카는 강력한 경계들이 서로를 강화하고 지지하는 경계 안내서를 작성하고 필요할 때마다 계속 수정하면서 주체성이 놀랍도록 높아지는 걸 느꼈다. 일정표를 바꾼 뒤에는 내가 '다른 셋에게 물은 뒤 묻기'라 칭하는 경계를 실행하기도 했다. 자신에게 묻기 전에 다른 셋 즉 동료, 주제에 관한 전문가, 인터넷에 먼저 자문을 구하도록 팀원들을 지도한 것이다. 이는 외적 경계였으나 자신의 시간과 에너지를 소중히 여기게 된 제시카의 내적 변화를 상징했다.

제시카처럼 뜻대로 일정을 바꿀 수 있는 간부급이 아니어도 괜찮다. 직급이 낮아 권한이 없어도 상황에 영향을 미칠 수 있다. 가령, 상사에게 지금 하고 있는 일들의 우선순위를 말할 수 있다. "지금은 마감이 얼마 안 남은 중요한 일에 집중하고 있어 곤란합니다", "안젤라에게 도움을 청하세요", "이 보고서를 다 작성한 뒤에 할 수 있습니다"처럼 누가 추가 업무를 부탁하면 바로 답할 수 있도록 할 말을 연습해둬라. 남이 부탁을 하기 전에 편한 시간대를 미리 정해 알릴 수도 있다(화요일은 오전 10시부터 정오까지 시간이 빕니다). 이런 문장들을 연습하면 경계를 정하는 일이 훨씬 자연스럽게 느껴지고 인간관계를 망칠지 모른다는 두려움이 줄어들 것이다. 나의 사고방식과 태도, 감정, 습관, 결정을 좌우하는 건 언제나 나 자신임을 절대 잊지 마라.

실전 연습

경계 안내서

세상에 비치는 자신의 모습과 진짜 모습이 어떻게 다른지는 이미 깨달았을 것이다. 이제 자기 자신에 대해 알게 된 내용을 바탕으로 성공적이고 행복한 삶을 위한 경계를 정하고 알리는 연습을 할 차례다.

실행 방법

1. **자신의 삶에서 가장 중요한 영역을 하나 골라 고찰하라.** 이번 장에서 작성한 네 가지 감정 분석을 다시 보거나, 그 밖에 문제가 되는 삶의 영역이 또 있다면 그 영역을 분석하라. 하나의 영역에 새로운 경계를 여러 개 정할 수도 있다.

2. **경계를 정하거나 다시 정할 상황을 파악하라.** 네 가지 감정 테스트 결과를 지침으로 삼아라. 본인이 경험하는 감정에 동그라미를 치고 빈칸을 완성하라. 그 감정이 생기는 상황이나 환경을 돌아봐라.

3. **경계를 협상하거나 정할 상대를 파악하라.** 앞서 살펴봤듯, 경계를 정하면 나와 상대방 사이에 거리가 생긴다. 나와 동료나 가족 사이의 거리일 때도 있고, 가장 균형 잡힌 나와 자기 방해를 일삼는 나 사이의 거리일 때도 있다. 두 경우 모두 내적 변화와 외적 변화를 감당해야 하는데, 그 예는 다음과 같다.

   - 타인과의 사이에 경계를 정할 때. 외적으로는 변화를 알리고, 내적으로는 그 사람과 보내는 시간을 줄여야겠다는 결단을 내려라.
   - 나 자신과의 사이에 경계를 정할 때. 외적으로는 일정을 관리하는 방

식을 바꾸고, 내적으로는 변하겠다는 각오를 유지하도록 긍정적 자기 암시 주문을 만들어라.

4. **어떤 식으로 경계를 지지하거나 존중하거나 유지시킬지 명확히 정하라.** 경계를 정했지만 타성을 이기지 못하고 금방 죄책감에 굴복한 적이 많았을 것이다. 과거는 잊자. 경계를 어떻게 끝까지 고수할지 정하고 각오를 단단히 하라.

3부

어떤 환경에서도
나를 믿어라

SENSITIVE
STRIVER

8

나만의 핵심 가치를 찾아라

"내면을 파고드는 것. 그것이 답이다.
자신의 진짜 모습을 알려고 노력하라.
내면의 영웅을 찾다 보면 실제로도 영웅이 될 것이다."

_엠마 티에벤스Emma Tiebens

4장에서 만난 사용자 인터페이스 선임 디자이너, 캐서린은 본인이 주도한 웹사이트 공개 프로젝트를 성공적으로 완수하고 나자 용기가 생겨 미래를 고민하기 시작했다. 프로젝트 마감이 코앞에 닥쳤을 때는 온힘을 다해 내면의 중심을 찾고 감수성을 통제했다. 결과물에 만족한 고객은 회사와의 계약을 갱신하면서 담당자인 캐서린의 열정과 프로 의식 덕분에 프로젝트가 성공했다며 칭찬을 아끼지 않았다. 프로젝트는 연말이 되기 직전에 마무리됐고 캐서린은 가벼운 마음으로 연휴를 맞았다. 회사가 문을 닫은 한 해의 마지막 한 주는 새해에 하고 싶은 일을 곰곰이 생각하면서 보냈다.

지난 한 해를 돌아보면서 캐서린은 자신이 관리자 역할을 매우 즐긴다는 걸 깨달았다. 중요한 책임을 맡아 눈에 띄는 결과물을 낸 게 뿌듯했다. 그러나 더 많은 직원을 관리하려면 적극적으로 리더십 기술을 개발해야 했음에도 마크와 갈등을 겪기 전까지는 이를 대수롭지 않게 여겼다. 특히 베스와 대면해야 했을 때 느낀 두려움과 당혹감이 잊히지 않았던 캐서린은 이 같은 감정을 외면하기보다는 자신감을 키울 조치를 취하기로 했다.

연휴 동안 다양한 관리 기법 관련 책을 읽었고, 동영상 강의를 시청했으며, 신임 관리자를 위한 온라인 강좌를 검색해 등록했다. 캐서린은 마크와의 일을 믿고 맡긴 베스의 기대에 부응하고 싶었고, 일전에 베스가 말한 훌륭한 지도자의 조건을 자주 떠올렸다. 베스에 따르면, 훌륭한 지도자는 양질의 결과물을 낼 뿐 아니라 팀원 모두를 같은 방향으로 이끌어야 했다. 이 주제를 다루는 책이나 강좌는 없었으므로 캐서린은 어떻게 하면 그런 지도자가 될 수 있을지 고민했다.

캐서린은 이 같은 목표를 염두에 두고 회사에 복귀했다. 마침 회사에서는 직원들의 사기가 높은 새해를 맞아 조직 전체를 아우르는 전략 회의가 열렸다. 지난해 사사분기 수익을 검토하고 더 중요하게는 한 해의 목표를 논하는 자리였다. 대표는 개회사에서 이번 해는 특히 중요하다고 강조했다. 매출을 두 배로 올리는 비전을 달성하려면 100명이었던 직원 수를 최소한 200명으로 늘려야 했다.

경영진은 팀원을 더 받을 준비가 된 고성과자를 물색 중이었고, 캐서린은 회사의 성장 계획이 자신의 계획과 딱 들어맞자 흥분을 감추지 못했다. 대표는 조직 문화를 확실히 규정하는 게 얼마나 중요한

지에 대해서도 이야기했다. 놀랍도록 빠른 속도로 성장한 신생 회사라 지금까지는 그럴 여유가 없었지만 이제는 다른 동종 업체와 차별되는 기준이 있어야 한다고 했다. 그러면서 '대담성'과 '협력', '봉사'를 비롯한 회사의 새로운 핵심 가치를 화면에 띄웠다.

　캐서린의 코칭 상담은 전략 회의가 끝나고 일주일 뒤쯤 잡혔다. 캐서린은 겨울 휴가를 어떻게 보냈는지 들려주면서 대표가 말한 회사의 가치를 떠올리면서 자신이 한 개인으로서나 예민한 노력가로서 회사에 얼마나 적합한 사람인지 고민했다고 했다. "대표가 회사의 가치를 말하자마자 깨달았어요. 개인적으로나 관리자로서 내가 중요하게 생각하는 가치부터 확실히 규정하지 않으면 내 팀을 제대로 이끌 수 없다는 걸요." 늘 미묘한 연관성을 포착하는 캐서린은 직장 생활을 새로운 관점으로 보면 스스로를 보는 관점도 달라진다는 걸 깨달았다.

　"나도 대표가 전략 회의 때 직원들 앞에서 보여준 것과 같은 확신을 갖고 내가 무엇을 소중히 여기는지 전하고 싶어요. 하지만 그러려면 처음에는 불편하더라도 나 자신과 내게 중요한 것을 있는 그대로 받아들여야 해요."

　캐서린은 팀원들과 함께 보다 큰 목표를 향해 나아가길 원했다. 캐서린이 나아길 길을 계획하고 팀원들을 독려하면서 스스로에게 충실한 삶을 살려면 어떻게 해야 할까? 답은 핵심 가치에 있었다.

나의 내면에 한 걸음 더 다가가기

STRIVE 자질은 선천적이지만(예민한 노력가의 생물학적 특징과 상관관계가 있다), 핵심 가치는 보다 균형 잡히고 평온한 자아를 위해 STRIVE 자질을 활용하게 해주는 존재의 방식이자 믿음의 방식이다. 핵심 가치는 삶의 모든 측면에 영향을 미친다. 내가 온전한 나로 살고 개인적으로 의미 있는 목적을 이루게 해주며 무엇보다 삶의 방향을 잡아준다.

예민한 노력가에게 핵심 가치는 특히 더 중요하다. 핵심 가치가 명확하면 그를 바탕으로 경계심과 감수성을 긍정적으로 활용할 수 있으며 타인의 시선에 연연하는 데 쏟을 관심을 내면으로 돌려 자신에게 정말 좋은 것을 추구할 수 있기 때문이다. 핵심 가치가 모호하면 길을 잃고 혼돈에 빠져 목표를 망각하기 쉽다. 많은 의뢰인이 바로 그런 상태에서 나를 찾아온다. 반면에 핵심 가치를 규정하면 나만의 내비게이션 시스템이 복원되고 자신감이 강화된다. 나에게 가장 보람된 성공을 향해 나아갈 수 있도록 내면의 나침반을 다시 맞추려면 핵심 가치를 규정하는 단계를 반드시 거쳐야 한다.

핵심 가치를 규정하는 일은 처음에는 추상적으로 느껴질 수 있다. 그러나 인생에서 진정으로 바라는 것이 무엇인지 알고 싶다면 자신에게 가장 중요한 가치를 명료하게 표현할 줄 알아야 한다. 그 이유는 다음과 같다.

핵심 가치는 정서 반응의 강도를 낮춘다. 오늘따라 직장에서 일이 뜻대로 풀리지 않아 짜증 난 상태로 퇴근했다고 치자. 이때 본인의 핵심 가치 목록을 꺼내 보면 두 가지 중요한 도움을 얻을 수 있다. 첫째, 좌절감의 근본 원인을 정확히 파악하고 감수성이 왜 높아졌는지 (무시하거나 부끄럽게 생각하지 않고) 이해할 수 있다. 가령, '정직'이 핵심 가치일 경우 긴장감이 높아진 이유를 중요한 문제에 대한 진짜 감정을 공유하지 않는 데서 찾을 수 있다. 핵심 가치를 활용하면 어딘가 이상한 감정의 근원을 이해하고 상황을 객관적으로 바라볼 수 있다.

핵심 가치는 과도한 생각을 줄여주는 필터다. 핵심 가치는 직관적 결정을 더 빨리 내리게 해주는 정신의 지름길이다. 앞서 언급한 첫 번째 사례에 이어, 핵심 가치가 '건강'이라면 퇴근하고 근력 운동을 하러 가거나 집에서 아이들과 함께 저녁을 요리하면서 긴장을 풀 수 있다. '긍정성'을 소중히 여긴다면 힘들었지만 하루 동안 배운 점을 돌아볼 수 있다. 이렇듯 핵심 가치를 되새기면 부정적 순환 사고로 이어지는 내적 긴장을 해소할 수 있다.

핵심 가치는 진실된 모습을 드러나게 해준다. 핵심 가치를 인정하는 것은 자기 수용의 실천이며 내 본모습을 완전히 드러내도 괜찮은 것이다. 핵심 가치를 받아들이면 다소 두려울 수도 있지만 내 일부를 집에 두고 나오거나 내가 아닌 다른 사람인 척 연기할 필요가 없어지므로 자유로워진다. 실패하거나 거부당할지 모른다는 두려움은 내가 본연의 모습 그대로일 때 힘을 잃는다.

핵심 가치는 보람 있는 성공의 기준을 제시한다. 핵심 가치는 추상적이기는 하나 포상이나 성과처럼 덧없는 외적 기준보다 더 큰 만족감을 주는 성공의 기준을 제공한다. 나만의 기준에 따라 진실되게 행동할 때 타인의 의견과 반감은 무의미해진다. 성공과 행복에 대한 지배적 시각이 온 사회에 만연할 때도 나만의 기준과 진실성이 있으면 자신감을 높일 수 있다.

핵심 가치는 안정성을 높여준다. 핵심 가치는 늘 버팀목이 되어주는 나의 직업적 및 사적 정체성의 일부다. 5~10년 뒤에 직함이 달라지거나 전혀 다른 업계에서 일할 수는 있지만, 나 자신이 바뀌지는 않는다. 일하는 방식이 바뀌더라도 나는 여전히 나다. 자기 성찰을 하거나 선택의 기로에 설 때마다 무엇이 나의 핵심 가치에 부합하는지 자문하라.

사람들은 보통 직장의 나와 가정의 내가 같다고 느낄 때 마음의 평화를 얻는다. 따라서 이상적으로는 개인적 가치와 직업적 가치가 일치하는 것이 좋다. 사회 복지사, 의료인, 법조인들이 그렇듯 많은 회사가 자사만의 핵심 가치를 내세우고 있다. 개인의 핵심 가치와 다니는 회사나 종사하는 직군의 가치는 비슷할수록 좋다. 이 문제는 10장에서 더 자세히 다룰 것이다. 물론 가치가 늘 일치하는 건 아니다. 그러나 두 가치가 다르다 해도 최소한 양립할 수 있게끔 노력해야 한다. 개인의 가치가 회사의 가치가 180도 다르면 불만이 쌓일 수밖에 없다.

자신의 핵심 가치를 파악하라

베스트셀러 《아주 작은 습관의 힘》의 저자, 제임스 클리어James Clear는

수년간 고성과의 기술과 과학을 연구했다. 몇 년 전 제임스는 하는 일의 기준을 높이고 정직한 리더십을 발휘하고 독자에게 도움이 되는 사업을 하기 위한 조치를 취했고 그 과정을 주기적으로 기록하기 시작했다. 그러면서 핵심 가치는 말하기는 쉬우나 일상적으로 실천하기는 훨씬 어렵다는 사실을 깨달았다. 이에 영감을 받은 제임스는 3년 동안 자신의 핵심 가치를 돌아보고 그에 따라 진실되게 살았는지 성찰하는 '진실성 보고서'를 작성했다. 진실성 보고서는 기본적으로 '나는 내가 되고 싶은 유형의 사람답게 살고 있나?'라는 질문에 답하게 해준다.

매년 진실성 보고서를 작성하면서 제임스는 세 가지 질문에 답했다.

1. 내 인생의 원동력이 되는 핵심 가치는 무엇인가?
2. 나는 지금 얼마나 진실되게 살고, 일하고 있는가?
3. 어떻게 하면 앞으로의 삶에서 기준을 높이고 더 진실된 리더십을 발휘할 수 있을까?

제임스는 핵심 가치를 가장 중요한 것이라기보다는 직감을 따르는 것처럼 자기 자신을 믿기 위한 도구의 하나로 보고 이렇게 말했다.

"의사 결정 과정의 다른 측면들을 무시하는 건 아니다. 그 과정에 핵심 가치를 추가하는 것뿐이다. 가령, 나는 사업상 문제를 해결할 때 단순히 '이 방법으로 돈을 벌 수 있을까?'라고 묻기 전에 '이 방법은 내

가치에 부합하는가?'부터 묻는다. 두 질문 모두 '아니요'라는 답이 나오면 다른 방법을 찾는다. 이 방법의 핵심은 일과 삶이 나의 가치와 일치하면 후회스럽기보다 자랑스러운 삶을 살 가능성이 커진다는 데 있다. … 자신이 지지하는 가치와 삶의 목적지를 모르는 사람은 궤도를 이탈하고 할 필요가 없는 일을 하느라 시간을 낭비하며 위험한 길로 빠지기가 훨씬 쉽다."

핵심 가치 단어 적어보기

자신의 핵심 가치를 생각해본 적이 한 번도 없더라도 자책하지 마라. 학교에서 배우는 것도 아니니 그럴 만도 하다. 자사의 가치를 중시하는 회사에서도 상사나 고용주가 직원들에게 정체성의 근간을 이루는 가치를 들여다보라고 촉구하는 경우는 드물다. 이름이 없는 핵심 가치를 실천하는 것은 불가능하므로, 이번 장에서는 자신의 핵심 가치에 이름을 붙여볼 것이다. 정신없이 돌아가는 일상에서 한 걸음 물러나 나에게 중요한 가치를 규정하려면 상당히 높은 자존감과 용기가 필요하다. 핵심 가치에 이름을 붙이다 보면 지나온 길을 돌아볼 수 있을 것이다.

우선 필기구와 형광펜, 노트를 준비하고 방해받지 않고 온전히 집중할 수 있는 20~30분의 시간을 내라. 그런 뒤 4장의 그라운딩 기법 중 본인이 가장 좋아하는 기법으로 내면의 중심을 찾아 깊은 사고가 가능한 정신 상태를 만들어라.

그런 다음 핵심 가치 단어를 골라 적어라. 편안한 마음으로 보자마자 공감되는 단어, 직감적으로 나와 가장 통하는 단어 7~10개 정도면 된다. 눈을 감고 걸림돌이 전혀 없는 최상의 상태였던 순간을 떠올려라. 자신감이 넘치고 생산적이고 모든 게 기막히게 잘 풀렸던 때 말이다. 그 순간의 에너지를 느껴라. 그 순간의 생각과 행동의 이면에 어떤 믿음이 자리 잡고 있었는지 돌아봐라.

이제 눈을 뜨고 과거의 그 순간에도 바탕이 됐던 가치에 동그라미를 쳐라. 이런 식으로 핵심 가치를 3~5개로 추려라. 성취감을 느끼게 해주고 나의 주된 존재 방식을 대변하며 진정한 자아를 지탱하는 데 없어서는 안 될 가치여야 한다. 정서적으로 공감이 되고 긍정적 마음 상태가 되는 단어를 솔직하게 골라라. 예를 들면 가족, 건강, 공정, 관계, 도전, 모험, 발견, 만족, 부, 사랑, 자유, 재미, 즐거움, 합리성, 효율 등등.

추려낸 가치는 길을 잃고 혼란스러울 때나 단순히 힘을 얻고 싶을 때마다 되새기도록 쉽게 꺼내 볼 수 있는 곳에 두는 게 좋다. 이 가치 목록은 이번 장의 '실전 연습' 때도 필요하다. 핵심 가치는 고정불변이 아니다. 삶의 단계들을 거치고 예민한 노력가로서 자신의 본성을 깊이 이해하면서 점점 진화하므로 최소 1년에 몇 번은 다시 살펴봐야 한다.

시작하는 법

1. **어려운 게 당연하다.** 핵심 가치를 고를 때 처음부터 쉽게 고른 의뢰인은 한 명도 없었다. 어렵다고 느끼는 게 당연하다. 어렵더라도 포기하지 않고 끝까지 해내면 부수적 이익이 따른다. 바로 다른 어려운 상황이 닥쳐도 쉽게 굴하지 않으리라는 자신감이다.

2. **수치심에서 벗어나라.** 수치심은 핵심 가치 목록에 없다. '자기 관리'나 '휴식'이 핵심 가치라고 해서 이기적이거나 게으른 건 아니다. '융통성'을 중시한다고 신뢰할 수 없는 사람인 건 아니다. 핵심 가치가 '아름다움'이었던 한 의뢰인은 자신이 허영심과 자기애가 강한 것 같아 괴로워했다. 그러나 그럴수록 더 아름다움을 인정하고 삶에 아름다움을 더 많이 반영했고(근무 환경을 다시 꾸몄고 매일 자연 속에서 산책했다), 그러고 나니 기분과 태도가 긍정적으로 바뀌었다.

3. **출세 지향적 가치를 조심하라.** 타인의 시선을 바탕으로 핵심 가치를 고르거나 앞으로 되고 싶은 사람의 가치를 고르면 오히려 해가 된다. 나의 정체성에 부합하지 않은, 진짜 자아가 제대로 반영되지 않은 가치는 부담만 될 뿐이다.

4. **공통된 주제를 찾아라.** 핵심 가치를 추리기 어렵다면 주제별로 단어를 묶을 수 있다. 다음과 같은 질문에 답해보라. 나의 가장 좋은 모습을 대변하는 가치는 무엇인가? 어려운 결정을 내릴 때 기준으

로 삼을 가치는 무엇인가? 싸워서라도 꼭 지킬 가치는 무엇인가? 우울할지도 모르지만, 자신의 장례식장에서 사람들이 추도문을 읽는 장면을 상상하는 것도 매우 효과적이다. 추도문에 반영되길 바라는 가치가 바로 당신의 핵심 가치다.

5. **수정하라.** 핵심 가치는 고정불변하는 것이 아니니 너무 완벽하게 하려 하지 마라. 핵심 가치를 골랐다면 결과는 신경 쓰지 마라. 예민한 노력가인 자신에 대해 새로운 발견을 할 때마다 언제든 수정해도 된다.

핵심 가치 실현하는 법

상담을 진행하는 동안 캐서린은 세 가지 핵심 가치, 즉 '헌신'과 '호기심', '성장'을 골랐다. 나는 캐서린에게 이 세 가치를 어떻게 활용하면 STRIVE 자질의 균형을 잡을 수 있을지 고민하게 했다. 캐서린의 가치는 그녀의 감수성이 균형을 되찾는 데 어떤 도움이 될까? 캐서린의 핵심 가치가 '헌신'이라는 걸 알고 나니, 마크와의 문제가 왜 그렇게 캐서린에게 거슬렸는지 확실해졌다. 마크의 행동은 캐서린의 핵심 가치에 어긋났고 캐서린의 노력뿐 아니라 캐서린과 동료들과의 관계에 해를 끼쳤다. 헌신의 중요성이 명확히 드러나자 캐서린은 새로운 경계를 정했고, 마크가 이 경계를 넘어 또다시 보고 체계를 무시하면 딱 부러지게 말하기로 마음먹었다.

　마크가 정확히 어떤 행동을 할지는 예측할 수 없었지만, 캐서린은 자신의 감정이 부적절한 게 아님을 깨닫고 전보다 자신감이 높아졌다. 감정은 캐서린에게 매우 중요한 가치가 훼손됐음을 알리는 경고등이었다. 또한 행동의 변화 없이 경계를 정하기만 했는데도 캐서린은 '호기심'을 충족할 여유가 생겼다. 마크에게 대처할 전략을 짜고 나니 디자인의 유희적 측면을 전처럼 즐기게 됐을 뿐 아니라 마크와의 문제를 다르게 접근했고 동료들과 소통하고 업무상 관계를 맺는 새로운 방법을 시도하기도 했다. 또한 간단한 감정 기록 앱을 깔아 자신의 감수성과 예민한 노력가로서의 측면을 보다 깊이 이해하려 노력함으로써 호기심을 충족했다.

전략 회의와 나와의 상담을 마치고 일주일 뒤, 캐서린은 베스가 주도했고 관리자를 대상으로 하는 사내 문화 워크숍에 참석했다. 회의실의 맨 앞 화이트보드에는 회사의 가치인 '대담성'과 '협력', '봉사'가 적혀 있었다. 참가자들에게는 접착용 메모지 두 묶음이 각각 제공됐다. 녹색 메모지에는 회사의 가치를 구현하는 행동을 적고 빨간색 메모지에는 '대담성'과 '협력', '봉사' 중심의 사내 문화를 형성하는 데 도움이 되지 않는 행동을 적어야 했다. 10분 뒤 화이트보드에는 긍정적 행동이 적힌 녹색 메모지만 잔뜩 붙어 있을 뿐 빨간색 메모지는 한 장도 없었다.

캐서린이 마크와 겪은 갈등은 빨간색 메모지에 적기 좋은 사례였다. 그 생각을 하자 마음이 불편해진 캐서린은 불편함의 원인에 주목했다. 동료들이 자신을 무능한 관리자로 볼지 모른다는 두려움 때문이었다. 그 순간 캐서린은 자신의 핵심 가치를 실현하려면 어떤 행동을 해야 할지 스스로에게 물었다. 답은 분명했다. 화이트보드에 빨간색 메모지를 처음으로 붙일 용기를 내야 했다. 마크와의 문제를 베스에게 감추려 했던 때도 있었다. 그러나 그동안 관리와 리더십에 관해 공부한 바에 따르면, 진정한 지도자로 성장하기 위해서는 진실하고 투명해야 했다.

캐서린은 화이트보드로 걸어가 '팀원과의 의사 불통'이라고 적은 빨간색 메모지를 붙였다. 순간 회의실이 조용해졌다. 캐서린이 마크와의 상황을 설명하자 워크숍에 참석한 다른 관리자들은 그녀의 말을 경청한 뒤 마크와 솔직한 대화를 나눌 방법을 제안했다. 예전이었다면 말할 생각조차 하지 않거나 말을 할지 말지 고민만 했을 터였다. 그러나 옳고 그름에 대한 자신만의 기준을 따르니 남의 시선이 두렵지 않았고 불안하지도 않았다.

워크숍이 끝나고 베스는 '대담성'(경험을 공유한 것)과 '협력'(마크와의 문제를 해결하고 팀을 성장시킬 계획을 세운 것)의 가치를 완벽히 구현했다면서 캐서린을 칭찬했다. 그런 뒤 캐서린에게 사내 문화 위원회를 함께 이끌자고 제안했다. 회사가 계속 성장하는 과정에서 회사의 사명과 비전을 안내하는 길잡이 역할을 하자는 제안이었다. 캐서린은 기꺼이 베스의 제안을 받아들였다. 회사의 목표뿐 아니라 의미 있는 기여를 할 때 뒤따르는 개인의 성장을 위해 자신의 높은 경계심과 책임감을 활용할 수 있게 돼 기뻤다.

실전 연습

핵심 가치가 추가된 균형의 바퀴

핵심 가치를 규정하는 것만으로는 부족하다. 핵심 가치를 일상에서 구현하려면 1장에서 완성한 균형의 바퀴를 점검하면서 핵심 가치를 바탕으로 STRIVE 자질의 균형을 다시 잡아야 한다.

실행 방법

1. **추려낸 핵심 가치를 묘사하라.** 선택한 핵심 가치가 자신에게 무슨 의미가 있는지 설명하라. 열 개 이하의 단어로 묘사한 뒤 다음 단계로 넘어가라. 묘사한 문장은 잠시 후 활용할 것이다.

2. **이전에 작성한 균형의 바퀴를 다시 점검하라.** STRIVE 자질의 점수가 각각 몇 점인가? 각각의 영역에서 얼마나 성장했는지 돌아봐라. 특히 가장 자랑스러운 변화를 떠올려라.

3. **균형의 바퀴를 다시 완성하라.** 점수가 1~2점밖에 오르지 않았거나 전과 똑같아도 괜찮다. 1장에서 했듯, 현재 점수와 6개월 뒤 올랐으면 하는 점수를 따로 적어라. 두 점수의 차이도 적어라.

4. **핵심 가치와 균형의 바퀴를 나란히 놓고 비교하라.** 핵심 가치를 활용해 점수를 높여 더 균형 잡힌 바퀴를 만들 방법을 연구하라. 가능한 실행 방안을 목록으로 적어라.

5. **모든 STRIVE 자질에 이 과정을 반복하라.** 각 자질의 구체적인 실행 방안을 살펴봐라. 이번 주에 당장 실행할 수 있는 방법에 동그라미를 쳐라.

6. **주기적으로 재검토하라.** 이 책을 읽는 동안에도 균형의 바퀴를 다시

살펴보겠지만, 다 읽고 나서도 정기적으로 점검하라. 최소한 분기에 한 번은 하는 걸 권하지만, 내 의뢰인 중에는 일주일이나 한 달 단위로 검토하는 사람도 있다. 잊어버리지 않도록 알림을 설정하라.

9

목표의 골대 세우기

"이제 완벽해질 필요가 없으니 잘할 수 있다."

_존 스타인벡John Steinbeck

2장에서 우리는 모범생 콤플렉스가 무엇인지 알아보고 더는 도움이 되지 않는 목표를 포기하는 법을 배웠다. 또한 2부에서는 생각과 감정을 관리하고 직감을 믿고 경계를 정함으로써 진정한 성공은 무엇을 뜻하는지 돌아봤다. 이제 내면의 평화를 포기하지 않고 내적 동기를 따를 수 있도록 야망이 나의 인생에서 어떤 역할을 하는지 재고해볼 차례다. 사실 야망은 날뛰게 내버려두면 통제가 안 되는 습성이 있다. 그러나 야망을 이용해 나의 욕구와 성향에 맞는 목표를 체계적으로 정하면 나만의 방식으로 위업을 성취할 수 있다.

핵심 가치에 관한 실전 연습 과제를 완수한 독자라면 이제 재미있고 흥미로우며 자신에게 중요한 가치에 부합하는 목표를 고를 준비가 됐을 것이다. 새로운 목표 설정 체계를 확립할 기회가 생긴 것이다. 새로운 체계를 활용하면 목표를 이루면서도 진정한 자아를 거스르거나 이 책을 읽으면서 힘들게 없앤 파괴적 습관에 다시 빠져들지 않을 수 있다.

1장에서 만난 프로그램 · 운영 · 행정 부사장 켈리도 새로운 목표를 세워야 했다. 병가 후 회사에 복귀하고 1년이 지나자 경력 개발의 다음 단계에 도달하기 위한 목표가 필요해진 것이다. 지금까지 켈리는 업무량을 분담하기 위해 동료와 함께 인력을 충원했고 팀원들이 과로와 부담감에 시달리지 않도록 더 효율적인 업무 절차를 도입했다. 또한 코칭 상담을 통해 STRIVE 자질의 균형을 잡아 자신만의 강점과 세심함을 존중하는 법을 배웠다. 핵심 가치를 행동의 지침으로 삼는 것이 얼마나 중요한지도 깨달았다. '활력', '균형', '너그러움', '체계', '기여'를 핵심 가치로 규정하고부터는 시간과 에너지를 가장 중요한 일에 쏟을 수 있었다. 애초에 켈리를 탈진시킨 원인이었던 남의 비위를 맞추는 습관에서도 벗어날 수 있었다.

켈리가 비교적 안정된 단계에 이르자, 우리는 1년 넘게 격주에 한 번씩 했던 상담을 한 달에 한 번씩 하기로 하고 상담의 주제를 승진으로 바꿨다. 회사에서 최고의 관리자로 인정받아 스카웃 제의가 들어오던 터라 자연스러운 수순이었다. 무엇보다 이제 켈리는 미래를 꿈꿀 수 있을 만큼 열정이 넘쳤다!

회사의 이사가 3~5년 뒤 은퇴할 예정이라 켈리는 그의 후임이 되겠다고 마음먹었다. 이사진에 합류하면 직업적 명성과 약력, 영향력이 강화될 터였다. 또한 이번 기회에 신뢰도를 높이면 사내 최고위직에 오를 발판이 마련될 뿐 아니라, 퇴직 후 하고 싶은 일을 위한 경험을 쌓을 수 있었다.

켈리는 대학에 진학할 형편이 안 되는 십 대들에게 직업 교육을 제공하는 비영리 기관을 설립하는 게 꿈이었다. 전무로 승진해 이사진에 합류하고 비영리 단체를 설립하겠다는 목표는 켈리에게 생기를 불어넣었다. 또한 능력과 영향력을 발휘해 사회에 공헌할 수 있다는 점에서 '기여'라는 그녀의 핵심 가치와도 잘 맞아떨어졌다. 그러나 이사진에 합류할 기회를 얻으려면 인맥을 쌓아야 했고, 그러려면 특히 지역 내 여성 리더십 관련 행사에 더 많이 참석해야 했다.

켈리는 상담 후 바로 계획을 실행에 옮기기로 했고, 직감에 따라 일주일에 한 번씩 행사에 참석하기로 했다. 한 번은 그렇게 부담스럽지 않기 때문이었다. 그러나 월말에 다시 만났을 때 켈리는 그 계획이 불가능하다는 걸 깨달았다고 했다. 매일 8시간씩 근무하고 인구가 8백만 명이 넘는 카운티의 프로그램을 관할하는 등 업무량이 만만치 않은 데다, 당시 켈리는 체중을 감량하는 중이었다(핵심 가치 중 하나인 '활력'을 높이기 위해 취한 조치였다). 신체 단련 수업과 체중 감량 지원 프로그램을 통해 12주 동안 10파운드를 감량한 터였다. 그래서 매주 월요일과 목요일에는 스피닝 수업이, 화요일에는 지지 집단 모임이, 금요일에는 남편과 딸과 저녁을 먹고 영화를 보는 일정이 잡혀 있었다. 약속이 없는 날은 수요일 저녁뿐이었고, 인맥을 쌓는 데 도움이 되는 행사는 대부분 저녁 6시에서 9시 사이에 열렸다. 수요일이 아닌 날

165

에 열리는 행사는 참석하려면 기존에 잡힌 일정을 취소해야 했다. 게다가 행사에 참석한 날에는 기름진 식사와 알코올 섭취로 건강한 식단을 따르기 어려웠고 평소보다 늦게 잠자리에 들어 다음 날 몽롱한 상태로 깨야 했다.

한 달 뒤 체중 감량은 정체됐고 남편은 켈리가 병가를 낼 정도로 스트레스를 받고 건강이 나빠졌던 과거의 악순환에 다시 빠질까 봐 걱정했다. 켈리는 매주 행사에 참석하지도 못하고 다른 목표와도 멀어진 자신에게 실망했다. 다음 상담 때 켈리는 제일 먼저 자신이 실수를 했으며 핵심 가치인 '활력'과 '균형'을 중심으로 삶을 계획하는 것이 얼마나 중요한지 어느 때보다 확실히 깨달았다고 했다. 켈리는 예전의 나쁜 습관에 다시 빠지기 싫었다. 패자가 아니라 승자가 되고 싶었다.

골대를 옮기지 마라

예민한 노력가들은 목표를 세울 때 습관적으로 '골대를 옮긴다'. 미식축구 경기장에 비유해보겠다. 골대를 옮기는 것은 20미터 라인에서 필드골(터치다운을 하지 못하고 공격이 끝났을 때 공을 차서 넣는 것-옮긴이)을 찼다가 실패하면 30미터나 40미터 라인으로 물러서서 다시 시도하는 것과 같다. 스스로 자꾸 더 어려운 목표를 세우고 그 과정에서 녹초가 되는 것이다.

여러분도 다르지 않을 것이다. 하나의 목표를 다 이루기도 전에 또 다른 목표를 세워 성공의 기준을 높일 것이다. 이러면 원래 목표조차 이루지 못할 뿐 아니라 예민한 신경계에 더 큰 부하가 걸린다. 목표가 커질수록 압박감을 느낄 일이 많아지기 때문이다.

목표 세우기의 핵심은 작은 목표를 세우는 것이다. 작은 목표를 체계적으로 이루다 보면 에너지를 아껴 더 오래, 멀리 전진할 수 있다. 사실 어떤 목표든 목표를 이루는 과정에서 시작과 멈춤, 정체를 수없이 겪기 마련이니, 자신감을 키워 난관을 넘어설 방법이 필요하다. 내가 제안하는 방법은 성취감을 자주 느끼도록 목표를 단계별로 나누는 것이다. 여기서 한 가지 짚고 넘어갈 점이 있다. 위험을 감수하지 말라거나 작은 목표에 안주하라는 게 아니다. 목표를 달성하는 과정이 전부 아니면 전무가 되지 않도록 목표를 단계별로 쪼개라는 것이다.

이 방법의 장점은 다음과 같다.

성취감을 자주 느낄 수 있다. 대부분의 목표는 복잡하고 다층적이므로 성취하는 데 시간이 걸린다. 목표를 이루는 과정에서 긍정적 평가를 자주 받으면 일이 잘 안 풀릴 때도 스스로 동기가 부여되고 사기가 올라간다.

과도한 생각에 빠지지 않고 실천에 집중할 수 있다. 이 방법을 쓰면 부담스럽고 거창한 목표로 시작하는 대신 단계를 밟아 올라갈 수 있다. 단계마다 작은 목표를 이루면 동기가 유지되고 자신감이 생긴다.

충분한 것과 지나친 것이 어느 정도인지 확실히 인식하게 된다. 기본적인 목표를 세우면 최소 수준의 성취를 이룰 대상이 생긴다. 또한 목표의 상한선을 정하면 '무조건 많이 할수록 좋다'는 사고방식에서 벗어날 수 있다. 감수성을 존중하면서 한계 범위 내에서만 에너지를 쏟도록 의식적인 선택을 할 수 있다.

내적 동기가 쉽게 발동돼 목표를 가볍게 여기게 된다. 목표에 지나치게 연연하면 고통이 따른다. 그러나 목표를 단계화하면 야망이 게임화돼 목표를 더 재미있고 쉽고 가볍게 접근할 수 있다. 타인이 아니라 자기 자신과 경쟁하게 된다.

단계별 목표의 가장 큰 장점은 효과적이라는 것이다. 스탠퍼드대학교 행동 디자인 연구소 소장 BJ 포그BJ Fogg의 연구에 따르면 작은 발걸음을 내디디면 일단 시작할 동력이 생기고 더 큰 목표를 추구할 힘이 생긴다. 포그는 '작은 습관', 즉 '목표를 향해 밟는 작은 단계이자 너무 사소해서 우스꽝스럽게 느껴지는' 습관을 적극 권한다. 치실질이 목표인가? 치아 하나부터 시작하라. 이직을 원하는가? 링크드인에서 인맥을 맺고 싶은 사람 한 명에게 친구 요청을 하라. 명상을 시작하고 싶은가? 심호흡을 한 번 하라.

내 의뢰인들은 대부분 전형적인 과잉 성취자라 이 방법이 효과가 있을까 의심한다. 그러나 일단 해보면 연구 결과가 거짓이 아니었음을 곧 깨닫는다. 연구에 따르면 조사에 응한 사람 중 무려 91%가 작은 습관으로 자신감이 늘거나 크게 늘었다고 답했다. 게다가 눈덩이 효과도 있어 65%는 작은 습관이 파문을 일으켜 일주일 안에 삶의 다른 영역에서 긍정적 변화를 경험했다고 답했다. 사소한 습관을 들이면서 가속도가 붙어 큰 목표를 완수할 동기와 에너지가 생기기 때문이다. 작은 습관은 심리학 용어로 '목표 가속화'라고 불리는 효과를 극대화한다. 목표 가속화는 목표를 향해 진전을 이루는 능력에 따라 자신감이 올라가거나 떨어지는 현상이다. 다시 말해, 목표에 가까워지고 있다는 생각이 들면 목표에 더 빨리 도달할 추진력이 생긴다는 뜻이다.

자신의 가장 열렬한 팬이 되어라

목표를 달성하는 건 훌륭한 일이지만, 잠시 멈춰 축하하지 않고 바로 다음 목표를 향해 나아가기만 하면 아무리 목표를 이뤄도 자신감이 높아지지 않을 것이다. 심리학적으로, 자축은 결코 하찮은 일이 아니다. 목표 달성을 축하하면 엔도르핀이 분비돼 자기 효능감이 강화되기 때문이다. 그러니 남이 알아주길 기다리지도 말고 대단한 성취를 이루었을 때만 축하하겠다는 생각도 버려라.

자랑 파일을 만들어라. 나중에 돌아보며 건강한 자부심을 느끼도록 직장에서 이룬 성취를 기록하라(워드나 구글 문서, 에버노트, 이메일 폴더 등). 자랑 파일은 내가 보유한 기술과 내가 제일 재미있어 하는 종류의 일이 무엇인지 알려주며 인사 고과나 구직 활동에도 유용하게 쓰일 수 있다. 예쁜 노트를 자랑 파일로 만들어 목표를 이룰 때마다 금색 별 모양 스티커를 붙이는 의뢰인도 있었다.

좋은/나쁜/영웅을 만난 순간을 돌아봐라. 감사하는 마음이 건강과 숙면, 행복감을 비롯해 많은 혜택을 선사한다는 건 누구나 아는 사실이다. 그러나 진정으로 고마운 마음을 지니려면 좋을 때와 나쁠 때를 똑같이 받아들여야 한다. 내 의뢰인들은 이를 위해 '좋은/나쁜/영웅을 만난 순간'을 스스로에게 묻는다. 오늘 하루 좋은 순간은 언제였나? 나쁜 순간은 언제였나? 영웅 같은 사람은 누구였나? 새로운 업계로 이직한 뒤 왠지 어색하고 스스로가 엉터리 같아 불안해하던 어느 의뢰인은 매일 밤 배우자와 좋은/나쁜/영웅을 만난 순간을 돌아보면서 상황을 객관적으로 볼 수 있었다. 성장통을 겪고 있긴 했지만 90일간 실행하기로 한 계획이 상당한 진전을 이루고 있었다.

공유하라. 성공을 공표하면 더 나아갈 원동력이 생기고 사회적 유대감이 강화된다. 그 효과를 과소평가하지 마라.

작은 목표의 막강한 힘을 활용하라

목표를 세울 때 여유를 두면 왠지 안 될 것 같겠지만, 원대한 결과를 얻는 비결은 작게 시작하는 데 있다. 나는 의뢰인들에게 다음의 3단계 목표를 세우도록 지도한다.

가장 기본이 되는 첫 번째 단계는 달성하기가 비교적 쉬운 전념할 목표Commit Goal다. 전념할 목표는 이룰 수 있다는 확신이 있는 목표다. 집중적으로 일할 수 있는 시간대를 확보하는 게 목표였던 의뢰인이 있었다. 15명으로 구성된 팀의 수장이었던 그 의뢰인을 매일 회의가 줄줄이 잡혀 제대로 된 일을 할 시간이 없었다. 처음에는 골대를 옮기는 예민한 노력가 특유의 습관이 발동했다. 매일 두 시간씩 일할 시간을 확보하려 했지만 현실적으로 불가능했고, 시간 확보에 실패하자 자신감이 크게 떨어졌다. 우리는 함께 실패한 이유를 돌아봤고 매주 월요일과 금요일에 한 시간씩만 확보하는 것을 전념할 목표로 세웠다.

두 번째 단계는 도전적 목표Challenge Goal다. 다소 무리를 하긴 해야 하지만 자기 방해 행위를 하게 될 정도로 힘들지는 않은 목표다. 앞서 말한 의뢰인은 주중에 매일 한 시간씩 일할 시간을 떼어 놓는 것을 도전적 목표로 정했다. 이 목표를 달성하려면 얼마간의 변화를 감내해야 했으나 현재의 여건을 감안할 때 불가능한 일은 아니었다. 이 시간을 확보하자 큰 그림을 그릴 여유가 생겼고, 시간을 확보하지 못하는 날에도 실패한 기분은 들지 않았다.

마지막 단계는 완전한 목표Crush it Goal다. 완전한 목표는 불리한 조건들이 모두 맞아떨어지면서 불가능하리라 여겼던 표적을 절묘하게 맞히는 순간 이뤄진다. 이 의뢰인의 완전한 목표는 전략적 사고를 요하는 일을 집중적으로 할 시간을 매일 두 시간씩 확보하는 것이었다. 이 목표는 이뤄지지 못한 날이 많기는 했으나, 일단 이뤄지면 끝내주게 멋진 사람이 된 기분으로 평소보다 훨씬 많은 일을 거침없이 해냈다.

완전한 목표는 매일 달성할 수도 없고 달성할 필요도 없지만, 전

171

넘할 목표나 도전적 목표는 비교적 꾸준히 달성할 가능성이 크다. 우선 원대한 업적을 이루겠다는 부담감을 버리고 전념할 목표를 꾸준히 달성하는 데 집중하라.

시작하는 팁

1. **일상적으로 통제 가능한 목표를 세워라.** 3단계 목표는 주기적으로 내가 영향을 미칠 수 있는 일과나 조치를 바탕으로 세워야 한다. 가령, 승진하고 싶다면 상사와 나눌 일련의 대화를 미리 연습하는 것을 목표로 삼을 수 있다. 새로운 고객 10명을 유치하는 목표는 홍보용으로 자주 쓰는 소셜 미디어를 활용한 전략으로 바꿀 수 있다.

2. **목표를 질문의 형태로 바꿔라.** 목표를 실현 가능한 작은 단계로 쪼개는 게 어렵다면 목표 뒤에 '…을 이루려면 어떻게 해야 할까?'를 붙여 질문을 만들어라. 목표를 질문의 형태로 바꾸면 목표 달성에 필요한 조치들이 떠오를 것이고 이를 3단계 목표에 맞춰 바꾸면 된다. 연구 결과, 목표를 질문으로 바꾸면 달성 가능성이 27~28% 높아졌다.

3. **기한을 두 배로 늘려라.** 승진을 하는 기한을 6개월이 아닌 1년으로 잡아라. 웹사이트를 만드는 기한을 이번 주말이 아닌 3개월로

잡아라. 시간은 더 걸리겠지만 목표를 이루는 과정에서 의욕과 자신감이 유지될 테니 결과적으로는 분명 시간을 들인 보람이 있을 것이다.

4. **목표를 향해 가는 길은 평탄하지 않다.** 일시적 후퇴에 대처하는 법은 13장에서 자세히 다룰 테니, 지금은 일단 목표를 향해 가다 보면 분명 힘든 시기를 만난다는 점을 명심하자. 그러니 내적 동기에 잠재된 인내심을 최대한 끌어모아라.

5. **멈출 때를 정하라.** 《타이탄의 도구들》을 쓴 팀 페리스Tim Ferris는 스스로에게 이렇게 물어보라고 권한다. "목표를 포기할 때 고려할 체크 리스트를 미리 정할 수 있는가? …결과물의 단점과 비용이 잠재적 이득을 능가할 때는 언제인가? 멈출 때를 결정하는 조건은 무엇인가?" 그는 이 질문을 미리 하지 않으면 "더는 집중할 가치가 없는 목표에 집요하게 매달리게 되기 쉽다"라고 말한다.

3단계 목표 세우기

켈리는 나와 3단계 목표를 세우면서 인맥을 쌓는 행사에 매주 한 번 참석하는 애초의 목표가 비현실적이었음을 깨달았다. 또한 탈진에서 벗어날 때 작은 목표를 세우는 전략이 유효했고 이를 적용해 회사가 진행하는 사업의 우선순위를 전략적으로 정했으며 회사에 중요한 인재를 성공적으로 고용했던 경험을 돌아봤다. 당연히 켈리는 이사진에 합류하는 개인적 목표에도 같은 방법을 적용하기로 했다.

켈리는 내가 조언한 대로 "나의 핵심 가치인 '균형'과 '활력', '너그러움', '체계', '기여'를 구현하면서 이사진에 합류하는 목표를 달성하려면 어떻게 해야 할까?"라는 질문을 스스로에게 던졌다.

우선 균형과 활력을 높이려면 시간을 현명하게 써야 했다. 켈리는 정말로 필요한 인맥을 쌓게 해줄 행사에만 참여하고 애초에 목표한 횟수를 줄여 한 달에 최대 두 번씩만 참여하기로 했다. 또한 그 같은 행사에서 연사로 나서면 더 뜻깊은 기여를 할 수 있을 것 같았다. 마지막으로, 존경하는 여성 지도자들을 주기적으로 초청해 생각을 듣고 널리 알림으로써 자신뿐 아니라 타인의 성장을 돕고 싶었다. 켈리의 3단계 목표는 다음과 같았다.

전념할 목표: 한 달에 한 번 행사에 참석한다.

도전적 목표: 한 달에 두 번 행사에 참석하고(하거나) 행사에서 연설을 한다.

완전한 목표: 업계 전문가들을 섭외해 행사를 주최하고 사회를 본다.

핵심 가치인 '체계'를 존중하는 3단계 목표를 세우고 나자 켈리는 이사로 합류하고 싶은 단체의 목록을 만들고, 행사 주최자들의 연락처를 모으고, 연사로서 자신을 홍보하는 이메일을 작성하는 등 생산적 조치를 취할 수 있었다. 켈리의 집요한 노력은 곧 결실을 맺었다. 두 달 뒤, 켈리는 희색이 가득한 표정으로 말했다.

"얼른 이 소식을 알리고 싶어 얼마나 좀이 쑤셨는지 몰라요. 드디어 이사직을 제안받았어요!"

행사에서 우연히 만난 예전 상사가 새로운 회사를 창립하고 이사회를 구성 중인 대표를 소개시켜주었다는 소식이었다.

"제안을 받아들일지 말지는 아직 몰라요. 검토할 부분이 많아서요. 하지만 이 모든 과정이 너무 쉽게 느껴지는 게 신기해요."

켈리는 3단계 목표를 세워 실행하면 심신의 행복을 포기할 필요 없이 현명하고 전략적인 방식으로 원하는 바를 이룰 수 있음을 깨달았다.

실전 연습

3단계 목표

3단계 목표를 세워 실행하면 보다 균형 잡힌 방식으로 목표를 달성할 수 있다.

실행 방법

1. **직업적 야망을 하나 고른다.** 나의 핵심 가치에 부합하며 모범생 콤플렉스의 징후를 보이지 않아야 한다.
2. **3단계 목표 체계를 이용해 하위 목표를 정한다.** 할 수 있다는 긍정적 사고방식으로 이루고 싶은 목표나 하고 싶은 행동을 정한다.

   - 전념할 목표: 성공으로 간주되는 최소한의 목표.
   - 도전적 목표: 다소 무리해야 하는 수준의 목표.
   - 완전한 목표: 야망을 마음껏 펼친 목표.

3. **전념할 목표를 이루기 위해 해야 할 행동을 정하라.** 전념할 목표를 최소한 1~3주 동안 꾸준히 달성한 뒤 효과가 있는 행동은 강도를 높이고 확장하라.
4. **진행 상황을 기록하라.** 수치에 집착하지 말고 진척도를 측정할 자기만의 방법을 찾아라. 내가 즐겨 쓰는 방법은 다음과 같다.

   - 주간, 또는 월간 검토. 나는 토요일 아침마다 내가 하는 사업의 양적 데이터(매출, 이메일 구독자 수 등)뿐 아니라 내가 느낀 감정과 깨달은 점, 새로 시작할 프로젝트 등 질적 데이터를 기록하는 'CEO 보고서'

를 작성한다.

- 코미디언 제리 사인필드Jerry Seinfeld는 후배 코미디언에게 매일 재미있는 이야기를 쓰고 큰 달력에 X 표시를 하라고 조언했다. "그렇게 며칠이 지나면 달력에 줄이 생길 겁니다. 몇 주 동안 그 줄을 잇는 데 성공하면 달력을 보기만 해도 뿌듯해지죠. 이제 그 줄을 계속 이어가기만 하면 됩니다." 이처럼 시각적 도구로 진척도를 구체화하면 포기하지 않고 끝까지 이어갈 동기가 생긴다.
- 목표 관리를 위한 또 다른 시각적 도구다. 하루나 일주일, 한 달을 시작할 때 종이 클립이나 구슬, 동전을 병에 가득 넣은 뒤 목표를 이루는 행동을 할 때마다 내용물을 빈 병으로 하나씩 옮기면 된다.

10

최적의 근무 환경을 조성하라

"경력과 삶을 디자인하려면 좋은 선택을 하고 당당하게
그 선택을 실천할 수 있어야 한다. 다시 말해
자신이 한 선택을 받아들이고 스스로를 의심하지 말아야 한다."

_빌 버넷Bill Burnett과 데이브 에번스Dave Evans

알리시아(2장)는 구직 활동을 멈춘 8주 동안 모범생 콤플렉스를 해소하고 자신감을 높여주었던 좋은 습관을 되찾은 뒤 다시 예전의 자신으로 돌아간 기분을 느꼈다. 막연한 불안이 걷히니 불경기였음에도 미래를 긍정적으로 보게 됐다. 불경기에 새로운 일자리를 찾는 건 여전히 걱정됐지만, 직업적 비전과 그 비전을 이루기 위해 해야 할 일을 재고할 여유가 생겼다.

전부터 비혼 출산을 위해 시험관 수정 시술을 받아온 알리시아는 구직 활동을 쉬는 동안 임신을 했다. 아이가 태어나기 전에 안정적인 일자리를 확보해야 했으므로, 새로운 직장을 빨리 구해야겠다는 의욕은 더욱 높아졌다. 앞으로 할 일과 쌓아갈 경력을 구상할 때 알리시아

178

는 상담 때 규정한 자신의 핵심 가치, 즉 '믿음성', '진정성', '교감'을 염두에 뒀다. 현재 하는 일은 더는 알리시아의 가치를 실현하지 못했으므로 핵심 가치에 부합하는 삶을 살고 싶다면 직무를 바꾸거나 새로운 직장을 찾아야 했다. 잡지사에서 현재 하는 일은 성과급 기반이라 그녀의 가치인 '믿음성'에 배치되기도 했다. 분기마다 수입이 큰 폭으로 오르내리는 환경은 불안감을 높였고 감수성에 불균형을 초래했다.

그리고 불황 탓에 알리시아가 현재의 직무를 바꾸는 것은 불가능했다. 이전 상사가 희망퇴직을 해 알리사아의 새 직속 상사가 된 마케팅 총괄 부사장은 알리시아의 팀원들에게 일자리가 있는 것만으로도 다행이라는 말을 자주 했다. 게다가 늘 파벌을 이루기 바쁜 동료들은 최근 들어 배타적 행동의 수위를 높였다. 자기들끼리 비밀리에 결정을 내리고는 알리사아가 뒤늦게 알면 깜빡하고 말하지 못했다고 변명하는 일이 잇따랐다. 가족, 특히 여동생과 나누는 '교감'에 늘 집중했던 알리시아는 직장에서 외로움을 느끼면서 자신에게는 교감이 삶이 모든 영역에서 지극히 중요한 가치임을 깨달았다.

알리시아는 가능한 선택지를 살피면서 경기가 불확실하기는 하지만 앞으로 나아가려면 새로운 일을 찾을 수밖에 없다는 직감의 소리에 귀를 기울였다. 그러나 무엇에서 멀어질지는 확실했으나 무엇을 향해 갈 것인지는 확신이 서지 않았다. 알리시아는 지금껏 회사의 상황이 좋거나 동료들과 잘 지낼 때도 자주 소외감을 느꼈다. 자신이 예민한 노력가라는 걸 깨달은 뒤에도 예전의 습관적 사고 회로에 다시 빠지면 어떻게든 자기 자신을 바꿀 방법을 개발할 생각부터 했다. 개

179

인적으로나 직업적으로 더 성공하고 행복할 수 있는 직장을 찾아도 괜찮다는 생각은 뒷전이었다. 자신의 성격에 더 잘 맞는 직장을 찾는 건 왠지 사치처럼 느껴졌다. 그럼에도 다른 업무 환경에서 일하는 모습을 상상하면 희망이 샘솟았고, 활기가 충전되는 일에 투지를 불태울 수 있는 미래를 열정을 다해 가꾸고 싶었다. 그러나 안타깝게도 알리시아는 새로운 진로를 탐색할 때 어떤 식으로 자신의 STRIVE 자질을 고려해야 할지 몰랐다.

나아갈 길을 정확히 아는 독자도 있을 것이고 알리시아처럼 하는 일에서 보람을 찾고 싶은데 방법을 모르는 독자도 있을 것이다. 어느 쪽이든 지금 하는 일을 본인의 진정한 자아에 부합하도록 바꾸고 싶을 것이다. 하는 일이 만족스럽지 않아 다음 목표와 그 목표를 이룰 방법을 더 신중히 살피고 싶을 수도 있다. 지금보다 더 행복해지고 더 만족스러운 직장 생활을 하려면 무엇을 바꿔야 할지 알기 위해 전문가의 도움을 받고 싶을 수도 있다. 혹은 전부 다 바꾸고 새로 시작하고 싶을지도 모른다. 이 여정의 어디쯤에 와 있든 이제 더 큰 영향력을 발휘하게 해주고 상상 이상의 만족을 선사할 근무 환경을 찾거나 조성할 용기를 내라.

나에게 맞는 근무 환경

성격에 딱 맞는 직업을 찾는 것은 업무와 환경, 그리고 내가 맡은 일에 제공하는 가치와 그 일로부터 얻는 가치가 조화를 이룰 때 가능하다. 만족스럽고 보람된 일을 찾는 것은 많은 사람이 꿈꾸지만 예민한 노력가에게는 특히 더 중요하다. 1장에서 살펴보았듯 민감하다는 것은 좋든 싫든 살고 일하는 환경에 더 많이 반응하고 환경의 영향을 더 많이 받는다는 뜻이다. 일레인 아론이 동료들과 연구한 바에 따르면, 예민한 노력가는 즐겁고 긍정적 환경에서 남보다 뛰어난 결과를 낸다. 우울감, 수줍음, 불안감은 줄어들고 긍정적 감정이 더 잘 생긴다. 직업을 성격에 맞추는 일은 어렵게 느껴질 수는 있지만 STRIVE 자질의 균형을 유지하면서도 영향력을 발휘하고 싶다면 꼭 완수해야 하는 과제다.

직업을 성격에 맞추는 일이 대단히 중요하다는 이론을 뒷받침하는 연구는 또 있다. 이 연구에 따르면, 근무 환경이 본성과 일치하는 사람은 하는 일을 더 의미 있게 느낀다. 하는 일이 핵심 가치에 부합해 자존감을 높여주면 그 효과는 극대화된다.

직업을 성격에 맞추면 해야 할 일이 달라져도 잘 적응하고 보다 탄력적으로 대처할 뿐 아니라 더 나은 성과를 낼 수 있다. 성격과 하는 일이 정확히 맞아떨어지는 사람들은 행복감과 생산성이 더 높아 매년 월급을 한 달 치 더 벌었다. 개인의 성향과 직무의 조화는 몰두와 에너지, 열정, 혁신과도 관련이 있다.

욕구에 부합하는 일을 주도적으로 찾는 사람은 자신의 업무 실적에 관한 평가를 적극적으로 요청하고, 더 나은 부서에 배치되기 위해 협상하며, 장기적으로 자신의 장점을 발휘하게 해줄 업무상 기회를 알아볼 확률이 높다.

아직도 확신이 서지 않는다면 나 혼자만의 문제가 아니라는 점을 명심하라. 팀이 우수한 성과를 내려면 다양한 성향의 팀원이 모여야 한다. 따라서 예민한 노력가가 본연의 모습을 드러낼 수 있는 역할과 근무 환경을 찾는 건 모두에게 득이 된다. 모든 회사나 관리자가 성향이 제각기 다른 직원들로 조직을 구성하는 법을 터득한 건 아니지만, 오늘날의 기업은 87% 이상이 포용을 채용의 우선순위로 삼고 있다. 직원들의 성향이 다양하면 매출이 높아지고 의사 결정 속도가 빨라지고 보다 질 높은 결과물이 나오기 때문이다. 뇌 구조가 달라 남다른 사고를 하는 리더를 고용하는 요즘 추세는 승진을 꿈꾸는 예민한 노력가에게는 절호의 기회다. 그러니 연민과 큰 그림을 보는 능력, 충성심 등 예민한 노력가 특유의 성향이 경쟁력이 될 수 있음을 기억하자. 게다가 무례함이 점점 판을 치고 자동화에 잠식된 지금의 비즈니스 세계에는 예민한 노력가의 능력이 무엇보다 필요하다. 예민한 노력가의 창의성과 공감 능력, 탁월한 감각 인식을 대체할 수 있는 기술은 없다. 지능과 성실성, 친절한 마음을 조합해 최대한 활용한다면 이 자질들은 여러분을 희귀하고 가치 있는 인재로 만들어줄 막강한 무기가 될 것이다. 지금은 심리학자 다니엘 핑크Daniel Pink의 표현을 빌리면, 창의성과 감성적 가치를 중시하는 이른바 '하이 콘셉트, 하이 터치'의 시

유해한 근무 환경에서 멘탈 지키기

해로운 작업 환경에서 효율성과 마음의 평화를 유지하기란 불가능하다. 재택근무를 할 때도 직장의 유해한 분위기는 물리적 벽을 뛰어넘는다. 동료를 험담하고 팀이 제 기능을 못하고 의사소통이 원활하게 되지 않으면 결국 사생활부터 건강, 자존감에 이르기까지 삶의 모든 측면이 부정적 영향을 받는다. 신속한 퇴사가 늘 가능한 건 아니므로, 출구 전략을 짜는 동안 다음의 몇 가지 조언을 참고해 상황을 개선하라.

하지 말아야 할 일	해야 할 일
· 부정적 사고에 사로잡힌다 주변 사람들에게 직장 생활을 불평하지 마라. 끔찍한 직장 생활을 계속 곱씹으면 비관적 사고방식에 사로잡혀 해결책을 찾을 수 없다.	**· 지금의 직장을 발판으로 이용한다** 앞으로 있을 기회에 대비해 기술과 역량을 키워라. 직장에서 배울 여건이 안 된다면 무료 동영상이나 온라인 강의를 활용하라.
· 험담에 동참한다 자리를 옮겨 부정적 얼간이들을 멀리하라. 호감 가는 동료들과 친해져서 그들이 어떤 모임에 참여하는지 알아봐라.	**· 조력자를 찾는다** 직장 내에서나 외부에서 동종 업계의 협회나 또래 집단을 통해 끈끈한 인맥을 구축하라. 내 생각이 합리적인지 판단해줄 믿을 만한 내 편을 찾아라.
· 경계를 잘 지키지 않는다 점심시간은 주어진 시간만큼 누려라. 근무 시간 후나 주말에는 이메일에 답하지 마라. 유급 휴가는 쓸 만큼 써라.	**· 작업 환경을 긍정적으로 꾸민다** 긴장을 풀어주거나 행복감을 고취하는 사진 및 그림이나 인용문, 색깔로 공간을 꾸민다.
· 자신을 위한 적극적 조치를 취하지 않는다 직장의 해로운 요소를 없앨 창의적 방법을 찾아라. 위임을 하거나 관리자나 팀을 바꿀 수도 있다. 상사가 비협조적이라면 내 편에서줄 내부 협력자를 찾아라.	**· 출구 전략을 짠다** 다음에 취할 조치와 더 나은 대안을 찾는 데 에너지를 쏟아라. 이력서를 준비하고 헤드헌터와 접촉하고 도움이 될 지인들과 교류하라. 3~6개월쯤 월급 없이 버틸 돈을 은행에 예치해둬라.

하지 말아야 할 일	해야 할 일
· 기록하기를 주저한다 필요할 때 보고할 수 있도록 관련자의 부적절하거나 모욕적인 행동을 기록하라.	**· 긍정적 자기 대화를 한다** 현재의 문제 상황은 일시적이라는 점을 상기하고 상황을 인식하는 방식을 바꿔라. 위기가 아니라 도전으로 봐라. 상사가 견디기 힘든 성격이라면 감정적으로 미숙할 뿐이라고 생각하라.
· 정체성을 잃는다 부업이나 취미 생활처럼 직업 외의 발산 수단을 통해 숙달감과 즐거움, 자기 효능감을 얻어라.	**· 나를 규정하는 건 직업이 아님을 명심한다** 직책을 떠나 내가 옹호하는 핵심 가치를 돌아봐라.

대이기 때문이다. 그러니 여러분의 재능을 썩히지 마라. 세상은 그 어느 때보다 여러분을 필요로 하고 있다.

나의 직업적 욕구를 파악하기

나에게 맞지 않는 근무 환경에서는 불가능하지는 않겠지만 핵심 가치를 실현하고 목표를 이루기 어렵다. 어디에 심든 꽃을 피우는 사람도 있기는 하나, 예민한 노력가는 방향성과 주체성 있는 행동으로 성격에 맞는 직업을 찾는 게 최선이다. 이번 장의 '실전 연습'에서는 현재 하는 일이 나와 맞는지 평가해볼 것이다. 그러나 이에 대한 판단을 내리려면 먼저 '예민한 노력가의 직업적 욕구 단계'를 이용해 자신에게 중요한 욕구를 정의하고 우선순위를 매겨야 한다.

생존 욕구 대 성공 욕구의 관점에서 현재 하는 일과 앞으로 하게 될 일을 바라보는 것은 나와 내가 몸담은 조직이 발돋움할 기회이며, 이 기회를 잡으면 경력 개발의 어느 단계에 있든 효율성과 만족도, 영향력이 높아질 것이다.

예민한 노력가의 직업적 욕구 단계

심리학 수업을 들은 적이 있다면 매슬로의 욕구 단계가 낯설지 않을 것이다. 인간은 특정한 기본 욕구가 충족되어야만 잠재력을 완전히 발휘해 성장할 수 있다는 이론이다. 직업적 기본 욕구와 성장 욕구에도 같은 개념이 적용되며 그 방식은 다음과 같다.

신체적 욕구

신체적 욕구는 피라미드의 가장 아랫부분에 위치하며 재택근무를 하든 출퇴근을 하든 직장 생활의 모든 측면을 아우른다. 자신에게 적합한 자극의 수준을 파악하면 민감성의 균형과 안정적이고 평온한 상태를 유지하면서도 사려 깊음의 이점은 극대화할 수 있다.

관계 욕구

동료들과 얼마나 자주 교감하는지부터 신뢰감과 소속감에 이르기까지 대인 관계와 관련된 모든 측면을 포함한다. 내향적인 사람과 일부 자질이 겹치기는 하나, 예민한 노력가의 30%는 외향적이다. 그러므로 혼자 일하는 걸 즐기면서도 협동 작업과 인력 관리를 좋아할 수도 있다. 감수성을 발휘해 나에게 즐거움과 깊은 만족감을 주는 직업적 인간관계의 특징을 생각해보라.

조직 욕구

피라미드 3층에 위치한 조직 욕구(기본 욕구의 마지막 욕구)를 이해하려면 내가 일하고 싶은 조직의 유형을 분석해야 한다. 조직 욕구에는 규모와 문화, 리더십 스타일 등 회사가 기능하는 방식뿐 아니라 회사의 평판과 회사가 세상에 무엇을 기여하고 업계에서 무엇을 상징하는지도 포함된다.

기본 욕구가 충족되고 나면 한 개인으로서 발전하고 싶은 욕망에서 비롯된 성장 욕구를 고려할 차례다.

건강 및 생활 방식 욕구

모범생 콤플렉스에 다시 시달리고 싶지는 않을 테니 심신의 건강을 최적의 수준으로 유지하는 데 필요한 근무 조건과 일과 삶의 균형에 관해 생각해보라. 핵심은 나의 에너지 수준과 전반적인 행복을 좌우하는 계획과 한도를 스스로 책임지는 것이다.

학습 및 성과 욕구

피라미드 맨 위층에는 직장에서 활용하고 싶은 직무와 기술, 강점이 포함된다. 이 욕구를 충족하는 방식은 사람마다 다르기에 정해진 답은 없다. 열정을 쏟을 수 있는 일을 해야 충족되는 사람도 있고, 자신에게 중요한 일을 추구할 수 있을 만큼만 돈을 벌면 만족하는 사람도 있다. 내적 동기에 귀를 기울여 앞으로 어떻게 성장하고 싶은지 깊이 생각해보라.

예민한 노력가의 욕구 단계

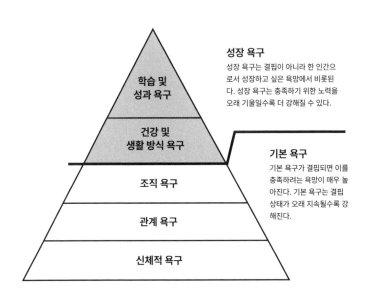

성장 욕구
성장 욕구는 결핍이 아니라 한 인간으로서 성장하고 싶은 욕망에서 비롯된다. 성장 욕구는 충족하기 위한 노력을 오래 기울일수록 더 강해질 수 있다.

학습 및 성과 욕구

건강 및 생활 방식 욕구

기본 욕구
기본 욕구가 결핍되면 이를 충족하려는 욕망이 매우 높아진다. 기본 욕구는 결핍 상태가 오래 지속될수록 강해진다.

조직 욕구

관계 욕구

신체적 욕구

내가 원하고 필요로 하는 것을 알면 삶의 방식과 일하는 방식을 바꿀 기회가 많아진다. 퇴사와 같은 급격한 변화를 늘 꾀해야 하는 것은 아니다(이처럼 급진적인 재정비를 단번에 시도하는 것은 예민한 노력가에게 부담스러울 수 있다). 그러나 내가 바라는 기본적인 근무 요건과 이상적인 환경을 파악하면 작은 변화를 통해 내 성격에 더 잘 맞는 근무 환경을 조성하고 꿈꾸는 목표에 한 걸음 더 다가갈 수 있다.

시작하는 법

1. **과거를 참고하라.** 과거에 맡아 했던 일 5~7개 중(임시 프로젝트나 자원봉사 활동도 된다) 가장 즐겁게 한 일은 무엇인지 돌아보라. 계속 하거나 더 확장하고 싶은 일은 무엇인가? STRIVE 자질이 균형의 바퀴에서 10점 만점에 8점이었던 경험을 떠올려보라. 무슨 일이 있었고, 무슨 일을 했는가? 반면에 다시는 감내하고 싶지 않은 근무 환경도 생각해보라.

2. **우선순위를 정하라.** 각 층의 욕구는 다른 층의 욕구와 상충될 수도 있다. 한 번에 다 바꾸고 싶겠지만 현실을 직시하라. 《바디 오브 워크》Body of Work의 저자, 패멀라 슬림Pamela Slim은 이렇게 조언한다. "해야 할 일이 많으면 이렇게 물어라. 지금 내게 우선순위가 가장 높은 일은 무엇인가? 그 일을 이루기 위해 나는 기꺼이 어떤

희생을 감수할 수 있는가?"

3. **직무를 최적화하라.** 직무를 자신의 성향에 맞춰 적극적으로 바꿔
도 직업 만족도가 높아진다. 가르치는 걸 좋아하는데 실행 위주의
업무만 맡고 있다면 다른 팀이 활용할 수 있는 교육 프로그램을 제
작하는 업무를 직무에 넣을 수 있다. 어떤 의뢰인은 상사와 함께
순환 근무제를 도입해 새로운 기술을 배우고 다른 부서 사람들과
친밀한 관계를 맺을 수 있었다.

4. **단기 계획을 짜라.** 진로 개발 계획을 5개년 단위로 짜려 하지 말
고 1년 뒤의 자신을 상상해보라. 무엇이 달라지고, 무엇이 그대로
일 것 같은가? 시기를 6개월이나 3개월 뒤로 앞당겨도 좋다.

내가 원하는 바를 정확하게 알 때

주말을 맞아 알리시아는 직업적으로 자신이 진정으로 원하고 필요로
하는 바를 곰곰이 생각하기 위해 즐겨 가는 하이킹 장소로 향했다. 확
실한 선택지는 광고계에 계속 남는 것이었으나 알리시아는 숲길을 걸
으면서 최대한 열린 사고를 하려고 노력했다. 지금의 이 과도기가 기
회라는 건 알았지만, 즐겁게 발전할 수 있는 직장을 찾으려면 과거 어
느 때보다 뚜렷한 목표를 정하고 움직여야 했다. 그날 밤, 알리시아는
집에 돌아와 실전 연습 활동지 맨 위에 자신의 핵심 가치인 '믿음', '진

정성', '교감'을 적었다. 이 세 핵심 가치를 토대로 삼고 '예민한 노력가의 직업적 욕구 단계'에 비추어 앞으로 어떤 직장 생활을 하고 싶은지 구상했다.

우선 기본 욕구 단계에서는 자신에게 이상적인 근무 환경을 따져 봤다. 알리시아는 근무 중 통화하는 시간이 많았으므로 방해가 될까 걱정할 필요 없이 자유롭게 말할 수 있는 환경에서 일하고 싶었다. 동료들은 대부분 극찬하는 원격 근무를 하더라도 체계가 잡힌 환경을 선호했다. 혼자 조용히 일할 수 있는 사무실이나 집에서 일한다면 전용 공간이 확보되길 바랐다. 알리시아는 욕구 단계 피라미드가 그려진 종이를 직접 출력해 맨 아래 칸 옆에 이 같은 내용을 적었다.

관계 욕구를 고찰할 때는 자신이 매우 불행하다는 걸 깨달았다. 동료들과 막역한 사이가 될 필요까지는 없지만 다음 직장은 생각이나 의견을 허심탄회하게 나눠도 안심할 수 있는 곳이기를 바랐다. 팀의 일부라는 소속감과 동료들에게 배우는 경험을 즐기는 성향이기에 더욱 그랬다.

마지막 기본 욕구인 조직 욕구와 관련해서는 출산 휴가와 직장 보육 서비스를 충분히 제공하는 직장을 원했다. 또한 팀원들에게 수시로 해고를 운운하며 협박하기보다는 영감을 주는 상사 밑에서 일하고 싶었다. 당분간은 경기가 나빠 불확실한 상태를 피할 수 없겠지만, 정서적으로 안정적일 뿐 아니라 성과급이 아닌 고정급 기반의 월급을 받아 재정적으로도 안정적인 직장을 원했다.

성장 욕구를 고려할 때는 한부모로 살아갈 미래가 어떤 모습일지 그려봤다. 아직은 정확히 무엇이 필요하다고 말할 수 없었지만, 주변의 갓난아기 부모들을 만나본 결과 단기적으로는 근무 시간과 작업 기한이 탄력적으로 운영되는 회사에 다니고 싶었다. 원하는 바가 앞으로 달라질 수도 있었지만, 기본적으로는 직원들이 갓난아기나 아픈 부모나 배우자를 돌봐야 할 때가 있음을 이해하고 받아들이는 회사를 원했다. 가정사를 솔직하게 말할 수 있고 아이나 자신을 돌보기 위해 하루 휴가를 내야 할 때 그 사실을 숨기거나 휴가를 내지 못해 허둥지둥할 필요가 없는 곳이기를 바랐다.

마지막으로 학습 및 성과 욕구를 생각할 때는 눈을 감고 꿈꾸는 모습을 그렸다. 우선 과거에 맡았던 역할들을 떠올리며 즐거웠던 일과 성과가 좋았던 일, 어려웠던 일을 돌아봤다. 이전에 일했던 광고 회사에서 알리시아는 마케팅팀 및 콘텐츠팀과 함께하는 홍보 활동에 몇 번 참여한 적 있었다. 이후 더 경쟁력 있고 직책이 높은 영업부로 옮겼지만, 돌이켜보면 새 고객을 유치하는 데 대부분의 시간을 보내는 영업직보다는 다른 팀과 협업하는 프로젝트를 더 즐겼을 것 같았다. 1년 전쯤 다니는 도자기 공방의 요청으로 행사를 기획해주고 수업비를 면제받았던 기억도 떠올렸다. 이 일은 본업과 관련이 없어 이력서에 기재하지 않았지만 이제 와 생각하니 마케팅팀 및 콘텐츠팀과의 협업과 겹치는 부분이 있었다. 둘 다 기획안과 창의적 디자인을 구상하고 공급업체를 상대하고 관리해야 했는데 모두 알리시아의 예술적 감성과 성실성을 동시에 발휘할 수 있는 일이었다.

각각의 욕구를 분석하면서 알리시아는 자신의 성향을 보다 확실히 파악해 구직 활동의 방향을 잡을 수 있었다. 직원들에게 충분한 재량권을 주고 포용의 문화가 조성된 회사에서 마케팅에 중점을 둔 역할을 맡으면 더 큰 성취감을 느끼리라는 게 알리시아가 내린 결론이었다. 물론 예측대로 되지 않을 수도 있었으므로 알리시아는 완벽주의에 사로잡혀 모든 답을 한 번에 다 알아내려 애쓰지 않았다. 그보다는 다양한 가능성에 마음을 열고 면접과 인맥을 통해 정보를 얻으면서 구직 전략을 개선해갔다. 이후 2주 동안은 경험담을 듣기 위해 친구들에게 영업직에 종사하다 다른 분야로 진로를 바꾼 사람들을 소개해달라고 부탁하기도 했다. 이런 노력 끝에 마케팅이 자신에게 맞는 분야라는 확신을 얻은 알리시아는 동창회, 도자기 수업 회원들을 비롯한 인맥을 활용해 진로 전환에 박차를 가했다.

그로부터 한 달이 채 안 돼 알리시아는 새로운 직장의 면접을 봤다(알리시아의 필수 입사 조건이었던 출산 휴가와 직장 보육 서비스를 최대치로 제공하는 곳이었다). 임신 후기에 접어들기 전 새 직장을 구하겠다는 목표는 곧 달성하게 된 것이다.

실전 연습

나에게 딱 맞는 진로

'예민한 노력가의 직업적 욕구 단계'에 비추어 욕구를 파악했으니, 이제 현재의
근무 환경이 자신의 성향과 잘 맞는지 평가해보자.

실행 방법

각 질문마다 동의하거나 동의하지 않는 정도를 적어보아라. 결과에 따라
다음에 취할 조치가 달라질 것이다.

- 내가 일하는 공간은 내가 선호하는 자극을 반영해 꾸며져 있다.
- 나는 일할 때 완전히 몰입하는 편이다.
- 나는 근무 시간에 부담을 느끼지 않는 선에서 동료들과 소통한다.
- 우리 회사는 나의 핵심 가치를 구현한다.
- 나는 내가 하는 일이 누군가(고객 등)에게 도움이 되는 게 뿌듯하다.
- 우리 회사는 건강하고 유익한 문화가 조성돼 있다.
- 맡은 활동과 업무를 할 때 힘이 나고 성취감이 느껴진다.
- 일할 때 내가 강점으로 내세우는 기술을 활용할 수 있다.
- 우리 회사는 내가 꾸준히 익혀 통달하고 싶은 능력을 개발할 기회를 주
  고 있다.
- 나는 지금 일과 삶이 균형을 이루고 내 욕구와 목표에 부합하는 직장 생
  활을 하고 있다.

결과 분석

대부분 비동의일 때: 피라미드의 맨 아래 칸부터 시작해 기본 욕구를 충족한 다음 위 칸으로 올라가라.

동의와 비동의가 섞여 있을 때: 성격에 맞게 근무 환경을 최적화하면 더 큰 행복을 누릴 수 있다. 대부분 비동의나 완전히 비동의라고 표시한 부분부터 시작해 해당 욕구를 충족할 구체적 조치를 계획하라. 직무를 최적화하는 법을 안내한 '시작하는 법'을 참고하라.

대부분 동의일 때: 축하한다! 당신이 하는 일은 당신의 성격과 꼭 맞다. 이미 일이 즐겁고 근무 환경이 최적의 상태니 피라미드의 꼭대기 욕구, 즉 학습 및 성과 욕구에 집중하라. 흥미로운 기회를 포착하고 다소 어렵더라도 의미 있고 보람되는 일을 찾아 하라.

4부

두려움을 넘어
계속 성장하라

SENSITIVE
STRIVER

11

현명한 도전을 하라

"봉오리 속에 꽁꽁 싸여 있는 위험이
꽃을 피우기 위해 감수해야 하는 위험보다
고통스러운 날이 왔다."

_아나이스 닌Anaïs Nin

위험을 감수하는 것, 즉 불완전한 정보를 바탕으로 내린 결정을 행동
에 옮기는 것은 흔히 무모함과 연관돼 부당한 평가를 받는다. 그러나
위험 감수는 성공의 핵심 비결이기도 하다. 생각해보라. 30년 동안 자
동 조종 모드로 살아온 예민한 노력가는 개인적으로 만족스러운 삶을
살지도 못하지만 직업적으로 위대한 성취를 이루기는 더욱 어렵다.
잠재력을 최대한 발휘하고 싶다면 상실, 거부, 비판, 실패처럼 원치 않
은 환경에 스스로를 노출할 각오가 돼 있어야 한다. 조사에 따르면, 고
위 간부들은 준비가 덜 된 상태에서 기회가 주어졌을 때 위험을 기꺼
이 감수하려는 의지를 승진의 필수 요소라고 답했다.

　지금쯤 여러분은 알게 모르게 위험을 감수하는 것이 두렵기보다

196

는 만만하게 느껴질 것이다. 준비되기 전에 시작하기, 내면의 중심 찾기, 직업적 욕구 파악하기 등 앞서 배운 새로운 기법과 전략을 실천하려면 자신을 굳게 믿고 승부를 걸어야 하기 때문이다. 여러분은 이제 지금까지 이룬 발전을 토대로 힘차게 도전을 맞이할 준비가 됐다. 7장에서 만난 제시카도 1년 뒤쯤 그런 시기를 맞았다.

제시카가 팀원들과 다섯 개의 신규 지점을 개장하는 임무를 완수한 지 6개월이 지났다. 이제 제시카는 보다 차원 높은 전략, 특히 향후 1~3년 동안 회사를 이끌어갈 전략을 대표에게 추천하는 데 집중할 수 있었다. 경계를 정한 뒤로 제시카는 과기능을 하지 않았고 대부분은 적정 시간에 퇴근해 가족과 시간을 보내며 소원해진 부부 관계를 되살렸다. 아직 완벽하지는 않았지만(균형을 이루는 일에 끝은 없었다), 경계를 정하고 지키면서 얻은 자신감은 제시카에게 매우 큰 도움이 됐다. 거절하거나 자기주장을 하거나 팀원이 스스로 일하도록 요구할 때마다 제시카는 긴장됐지만 용기를 냈다. 또한 바라는 결과를 얻지 못하더라도 작은 위험을 감수했고 그럴 때마다 더 강해지고 당당해진 느낌이 들었다.

회사의 매출 자료를 검토하면서 제시카는 소매점의 실적이 여전히 견고함에도 매출의 전반적인 하락세에 주목하지 않을 수 없었다. 대표는 오프라인 매장의 확장을 기대하고 있을 게 분명했다. 사실 오프라인 매장 영업은 회사의 주요 사업이자 제시카의 전문 분야이기도 했다.

그러나 회사의 미래뿐 아니라 제시카의 미래를 위해서는 수입원을 다각화해야 했다. 전자상거래 업계의 경쟁자들을 서둘러 따라잡지 못하면 도태될 게 뻔했다.

제시카처럼 세계 산업계의 동향을 살피거나 1~3년 동안 이룰 장기 계획을 세우고 있지는 않더라도, 여러분도 작든 크든 위험을 감수해야 하는 기로에 선 적이 있을 것이다. 멋진 아이디어가 있어 경영진에게 알리고 싶을 수도 있고, 평소 하는 일과 성격이 다른 프로젝트에 지원할지 말지를 고민하고 있을 수도 있다. 더 심각하게는, 직장이나 팀을 바꾸거나 사업을 시작하는 모험을 해야 할지 고민할지도 모른다. 위험을 감수한다는 것은 성장을 하든 자신에 대해 새로운 사실을 발견하든, 무언가 얻을 게 있을 것 같은 직감이 드는 결정이나 도전을 하는 것이다. 사실 모험은 부정적 측면이 그리 크지 않다. 자존감이나 수입 등이 크게 늘어나는 반면 건강이나 안전에 위협이 되는 경우는 많지 않기 때문이다.

이번 장에서는 스스로를 굳게 믿는, 쉽지 않은 일을 연습해볼 것이다. 과도한 생각이나 감정의 소용돌이 없이 기회가 왔을 때 잡고 새로운 가능성을 포착하기 위해서다. 위험을 감수할 때 간혹 동반되는 두려움을 완전히 무시할 수는 없다. 그러나 두려움을 극복하는 법은 누구나 배울 수 있고 심지어 그 과정을 즐길 수도 있다.

당신은 당신이 생각하는 것보다 강하다

아마 여러분은 오래전부터 모험심과 예민함은 상충된다고 믿었을 것이다. 예민한 노력가는 대담한 모험가가 될 일은 절대 없겠지만, 현명한 도전을 하기에 적합한 남다른 인지 회로를 타고난다. 예민한 노력가 특유의 STRIVE 자질은 도전을 차분하고 체계적인 방식으로 접근해 더 나은 결과를 내게 해준다. 그러니 다음을 명심하라.

위험 분석에 직감을 활용하라. 감정은 논리적 추론과 상충되지 않는다. 오히려 꼭 필요한 도움을 제공한다. 사려 깊음과 감수성을 모두 활용하되 하나가 다른 하나를 압도하지 않도록 주의하는 게 핵심이다.

중요한 일에만 위험을 감수하라. 내적 동기와 책임감을 지침으로 삼아 개인적으로 의미 있는 일에만 위험을 감수하라. 연구에 따르면, 사람들은 주로 어떤 활동이 가치 있다고 생각할 때 위험을 감수하며 기여하는 바가 있을 때 중요하다고 판단한다.

직관력을 유용한 도구라고 생각하라. 예민함과 경계심이 높다는 것은 보통 사람보다 더 많은 정보를 처리하고 종합한다는 뜻이다. 자꾸 드는 의구심을 떨쳐내고 자신을 믿어라. 예민한 노력가는 특유의 STRIVE 자질 덕분에 남들이 놓치는 패턴과 연관성을 포착하는 능력과 정서 지능이 높다는 점을 명심하라.

이 책을 쓰는 지금도 우리는 위험을 감수해야 하는 순간은 언제든 찾아온다는 진리를 다시 한 번 배우고 있다. 전 세계에 창궐한 코로나바이러스는 새로운 전염병의 특성상 불확실하고 모호하기는 하나 예민한 노력가들에게 일상에서 미지의 세계를 받아들이는 연습을 할 기회를 줬다. 내가 사는 지역에도 자신이 이렇게 강한지 미처 몰랐다고 말하는 사람들이 얼마나 많은지 모른다. 한 가지는 확실하다. 이들이 새로운 차원의 지략과 회복탄력성, 자립심을 기르게 된 건 위험을 감수했기 때문이다.

이 책을 읽을 때마다 부디 명심하기 바란다. 여러분도 똑같이 할 수 있고 비슷한 결실을 맺을 수 있다. 도전은 뜻밖의 기회나 예기치 못한 반가운 소식을 안겨준다는 점도 잊지 말라. 몇 년 전 나는 사업을 홍보하고 인맥을 쌓고자 세간의 이목을 끄는 행사에 참석하는 도전을 했다. 코칭 일을 시작한 지 안 됐던 때라 업계에서 확실히 자리 잡은 코칭 전문가들과 교류할 생각에 긴장이 많이 됐다. 그러나 바로 그 행사에서 나는 이후 내 약혼자가 된 브라이언을 만났다.

어려운 일을 시도하라

어려운 일은 사람들의 시선이나 실패가 두려워 선뜻 하지 못하는 일이다. 나에게 유익한 줄은 알지만 회피하고 있거나 아직 시간을 내지 못한 행동도 포함된다.

내 의뢰인들은 이 전략을 실천에 옮기기 위해 비전문 분야의 프로젝트에 자발적으로 참여하거나 아직 초기화 단계인 아이디어를 회의 때 제안한다. 업무 외적으로도 어려운 일을 시도해 자신감을 높일수 있다. 무엇이 이기는 것인지에 관한 준거 자체가 없는 분야의 일을하면 그 일의 성취 여부와 자존감을 결부하지 않게 된다. 연구 결과, 사소하지만 어려운 일을 하면 외적 동기가 없어 내면의 힘을 키워야하므로 집중력과 결단력, 정서적 회복력이 높아졌다.

어려운 일을 하면 목표를 이룰 확률이 높아질 뿐 아니라 다음과 같은 이점이 있다.

- 두려움과 실패를 극복할 수 있다는 자신감이 생긴다.
- 당연히 실패하리라는 인지 왜곡에 대한 반증을 얻고 결과가 생각보다 더 좋을 수 있음을 깨닫는다.
- 두려움을 담당하는 뇌 부위인 편도체를 초기화해 두려움이 촉발되는 빈도가 낮아진다.

그 결과 원하는 바를 이루지 못하더라도, 정신(과 몸)이 두려움을 받아들이고 두려움을 느끼면서도 행동할 수 있다고 믿기 시작한다. 위험을 감수하고 불쾌한 감정을 경험할 때마다 그 감정을 밀어내고 회피하기보다는 차분하고 솔직하게 받아들이게 되는 것이다.

믿기지 않을지도 모르지만 이 방법의 효과는 과학적으로 밝혀졌다. 연구 결과, 스트레스가 높은 상황에 자발적으로 뛰어들면 두려움과 회피 심리를 최고 90%까지 줄일 수 있었다. 외부 세계의 강요에 의해서가 아니라 직접 이런 상황을 고르면 자신감뿐 아니라 앞으로 발생할 어려움에 맞서고 기회를 잡을 능력에 대한 확신이 커진다. 그러면 실제로 돌발적이거나 압박감이 심한 상황에 놓일 때 능숙하게 직감을 활용해 단호한 행동을 취할 수 있다. 고차원적 측면에서 보자면, 어려운 일을 시도하는 것은 정체성을 바꾸는 데도 도움이 된다. 계속 위험을 감수하고 능력 이상의 일에 도전하다 보면 스스로를 약하거나 섬세한 존재가 아니라 위기 상황에 대처할 수 있는 강한 존재로 인식하게 된다. 할 수 없다고 속삭이는 뇌 신경망이 약해지고 할 수 있다고 일깨우는 신경망이 강화되기 때문이다.

시작하는 법

1. **'아직'의 힘을 이용하라.** '아직'이라는 표현을 쓰면 사고방식이 성장 중심으로 바뀌어 어떤 일을 통달하려면 시간이 걸린다는 사실을 되새기게 된다. 이상적인 고객을 아직 유치하지 못했다면, 그들이 많은 시간을 보내는 장소에서 홍보 활동을 하면 된다. 회의 때 내 의견을 말하는 게 아직 불편하다면, 적절한 전략을 써서 편해지게 만들면 된다. 그러니 지속적으로 존재감을 키우고 배움을 게을리하지 마라.

2. **커피 챌린지에 도전하라.** 상품 마케팅 신규 업체인 스모미SumoMe의 창립자, 노아 케이건Noah Kagan은 제일 좋아하는 카페에 가서 다음과 같은 도전을 하라고 제안한다. "카운터에 가서 커피를 주문하라(물이나 차도 괜찮다). 그런 다음 가격을 10% 깎아달라고 하라. …대부분 이렇게 변명을 한다. '아, 두려워서 안 하는 건 아니에요,' '돈이 있는데 뭐 하러 할인을 받아요.' 그러나 커피값을 10% 깎아달라고 해보면 장담하건대, 자기 자신에 대해 놀라운 면을 발견하게 될 것이다."

3. **10/10/10 법칙을 적용하라.** 위험을 감수할 때 완전히 실패할 것 같은 불안을 떨쳐내기 어렵다면 10주, 10개월, 10년 뒤에도 같은 기분일지 상상해보라. 위험 감수의 결과가 좋든 나쁘든 상황을 객관적으로 보게 되고 도전에 필요한 용기를 낼 수 있을 것이다.

사소한 도전을 성취했을 때의 결과

———————

회사의 전략을 구상하기 전부터 나는 제시카에게 어려운 일을 시도하는 연습을 하게 했다. 제시카는 지나치게 꼼꼼히 분석하는 성향 탓에 모험을 시간을 많이 잡아먹는 일로 인식했고 그 때문에 처음에는 도전을 망설였다. 나는 초반에 드는 의구심을 잠시 내려놓고 시도할 만한 일을 찾는 데 집중하라고 조언했다. 우선 우스울 정도로 못하고 직업적 명성과 무관한 일부터 시작하라고 했다. 제시카는 가족끼리 그리기 게임을 하면 아무도 자기와 팀을 짜고 싶어하지 않는다면서 그림을 정말 못 그린다고 했다. 그림 그리기와 관련된 위험 부담이 작은 일을 생각해보라고 하자 제시카는 이렇게 말했다.

"친구들이 와인을 마시며 그림을 그리는 파티에 가자고 하는데 창피해서 못 가겠어요."

하지만 이 말을 입 밖에 낸 순간 제시카는 그림 그리기로 어려운 일의 첫 발을 떼리라는 걸 예감했다. 결국 용기를 내 이젤 앞에 앉은 제시카는 선생님의 모범 그림과 전혀 다른 그림을 그렸지만, 긴장감을 극복했을 뿐 아니라 친구들과 즐거운 시간을 보냈다.

다음 상담 때 나는 제시카에게 한 달 동안 시도할 어려운 일을 네 개 더 골라보라고 했다. 사생활과 관련된 일 두 개와 직업과 관련된 일 두 개였다(잠시 후 여러분도 이번 장의 실전 연습을 통해 해볼 것이다). 제시카는 개인적으로는 호신술을 배우고, 아이들과 놀이동산에 가서 평소에는 타지 않는 롤러코스터에 도전하기로 했다. 일과 관련해서는, 젊은 라틴계 직업인들을 대상으로 하는 팟캐스트에 출연해 직업을 소개해달라는 요청을 수락하고, 사무실 건너편 카페에서 노아 케이건의 커피 챌린지를 시도하기로 했다. 모두 불편한 일이었지만 제시카는 각각의 도전을 완수할 때마다 짜릿함을 느꼈고 자신이 더 용감해지고 있음을 실감했다.

한편, 회사의 경영 전략을 제안하기에 앞서 제시카는 회사의 미래뿐 아니라 자신의 진로를 고민했다. 회사와 함께 성장해온 제시카는 오프라인 판매의 하강 추세에 대처하고 온라인 판매의 경쟁력을 높일 방법을 찾고 싶었다. 또한 삶의 균형이 잡히고 나니 개인적인 진로를 계획할 여유도 생겼다. 답을 찾기 쉽지 않았지만, 제시카가 미래에도 업계에서 경쟁력을 인정받고 회사도 함께 성장하려면 회사와 제시카 모두에게 전환점이 필요했다.

그날 저녁, 제시카는 아이들의 숙제를 도와주면서 괜찮은 수익 사업을 떠올렸다. 바로 의류 구독 서비스였다. 반복되는 수익으로 온라인 매출을 높일 의류 구독 서비스는 고객에게 보다 환경 친화적인 선택권을 제공하는 업계의 최근 유행과도 일치했다. 게다가 오프라인 매장을 대여한 옷을 수거하고 반납하는 장소로 이용할 수 있었다. 기존의 부동산을 활용하는 셈이다. 제시카는 곧바로 '이거야!'라고 외치고 싶은, 발전시킬 가치가 있는 아이디어라고 생각했지만, 의류 구독 서비스는 회사의 자금과 주가에 부담이 될 뿐 아니라 제시카의 직업적 명성에 흠집을 낼 위험이 있었다.

게다가 만만치 않은 사업이라 실행을 옮기려면 유능한 동료들의 지원이 필요했다. 최고 마케팅 책임자와 최고 재무 책임자는 제시카의 아이디어를 듣고 실현 가능하다고 하면서도 걱정하는 마음에 대표의 반응이 나쁠 수도 있다고 경고했다. 그러나 지난 한 달 동안 어려운 일을 시도했던 제시카는 모든 상황에 대한 해답이 준비된 것도 아니고 제안을 하고 나서 어떤 상황이 벌어질지도 알 수 없었지만, 도전에 따르는 두려움을 견딜 각오가 돼 있었다.

2주 뒤, 제시카는 대표에게 의류 구독 서비스를 개시하자고 제안했다. 대표는 처음에는 회의적이었으나 제시카가 관련 자료와 업계의 동향, 다른 팀들의 승인을 근거로 제시하자 시험 서비스를 준비할 몇십만 달러의 자금을 지원하겠다고 했다. 기획안이 통과된 것도 기뻤지만 제시카는 스스로를 믿었다는 게 무엇보다 뿌듯했다. 의류 구독 서비스를 실행 가능한 사업으로 만들면서 전보다 바쁘고 혼란스러워진 와중에도 제시카는 그동안 확립한 효율성과 좋은 습관, 경계가 무너지지 않도록 조심했다. 또한 이후에도 계속 주기적으로 위험 부담이 작은 일에 도전했다. 이를 통해 제시카는 두려움이 생기는 순간에 자기 자신과 깊이 교감했고 자신만의 생각과 욕구를 포기하지 않고도 원하는 바를 추구하는 능력을 키울 수 있었다. 그리고 그럴수록 일할 때의 태도도 더욱 적극적으로 변했다.

더 좋은 결정을 더 빨리 내려라

현명한 도전의 핵심은 효율적인 의사 결정에 있다. 그러나 연구에 따르면, 생각을 지나치게 많이 하면 의사 결정의 속도가 느려지고 위험을 덜 감수하게 된다. 과도한 생각을 제어하는 전반적인 전략은 5장을 참조하고, 여기서는 위험 감수와 관련된 방법을 살펴보자.

잠재적 영향력을 예측하라. 결정은 대단히 중요하며 잘못된 결정을 한 번만 내려도 실패한다고 믿기 쉽지만, 그렇지 않다. 결정은 대부분 바꾸고 취소할 수 있으며 결과가 좋지 않더라도 교훈을 얻을 수 있다. 결정을 내리기 전에 인생의 우선순위나 소중한 사람들이 어떤 영향을 받을지 적어보면, 정말 중요한 것과 연연할 가치가 없는 것이 구별될 것이다.

가장 중요한 목표에 집중하라. 가능한 결과를 모두 따지려 들면 사고가 마비된다. 다음은 정보 과부하를 막기 위한 질문이다. 내가 이 결정으로 이루려 하는 목표 3~5개 중 가장 긍정적인 영향을 미칠 목표 한두 개를 고르라면 무엇인가? 내가 기쁘거나 불쾌하게 만들 수 있는 사람 중에 가장 실망시키기 싫은 사람 한두 명을 고르라면 누구인가?

직접 기한을 정하라. 책임과 부담을 느끼도록 결정을 내려야 하는 날짜나 시간을 정하라. 달력에 표시하거나 휴대폰 알림을 설정하거나 결정을 기다리는 사람에게 연락해 언제까지 답해주겠다고 알려라. 책임감을 최대한 활용하라.

만일에 대비하는 계획을 세워라. 상황의 모든 측면을 포착하는 예민한 노력가 특유의 능력을 발휘하라. 예를 들어 '~하면 ~한다' 공식을 이용해 서로 다른 결과에 대비하는 계획을 세워라. 글쓰기를 회피하고 싶어지면 와이파이를 끄거나, 재충전을 위해 5분을 걷거나, 무슨 내용이든 단어 100개는 무조건 쓸 것이다.

실전 연습

YES 실험

위험을 감수하면 도전을 피해야 할 것이 아니라 원하는 삶을 사는 데 꼭 필요한 것으로 인식하게 된다. 이번 실전 연습에서는 제시카가 그랬듯 더 나은 내가 될 수 있도록 한 달 동안 작은 위험을 감수하는 법을 배워볼 것이다.

실행 방법

1. **한 달 동안 시도할 어려운 일을 네 가지 골라라.** 사생활과 관련된 일 두 가지와 직장과 관련된 일 두 가지를 골라라. 많은 준비와 자원이 필요하지 않으면서 평소의 나라면 하지 않을 법한 일이어야 한다. 단순하고 간단할수록 좋다.
2. **일정을 짜라.** 한 달 동안 일주일에 하나씩만 하라. 정서적으로나 정신적으로 여유가 있을 때 하도록 최대한 현명하고 영리하게 일정을 짜라. 가령, 야근을 해야 할 정도로 바쁘고 힘든 날 억지로 고된 운동 수업을 듣지는 말라.
3. **행동에 옮겨라.** 도전할 순간에 두려움이나 거부감이 들면 이번 장의 '시작하는 팁'을 참고하라.
4. **과정을 돌아봐라.** 각각의 도전을 완수한 후 다음을 돌아봐라.

   - 도전하기 전에는 어떤 기분이었나? 구체적인 감정이나 생각, 몸의 감각에 집중하라.
   - 도전하는 동안은 어떤 기분이었나? 육체적, 정신적, 정서적 상태가 조금이라도 달라졌다면 그 변화에 주목하라.

- 이번 도전에서 무엇을 배웠나? 의사 결정 과정과 능력을 발휘했던 순간과 성장이 필요한 부분을 돌아봐라.
- 배운 점을 어떻게 적용할 것인가? 어려웠더라도 이번 경험에서 직장생활을 개선하는 데 도움이 될 긍정적 의미와 교훈을 얻었다면 무엇인가?

자기주장은 단호하게

> "최대한 나 자신을 믿고 본연의 모습을 드러내면
> 삶의 모든 것이 쉽게, 기적적으로 제자리를 찾는다."
>
> _샤크티 거웨인Shakti Gawain

8장에서 만난 캐서린은 여름에도 계속 발전을 이어갔다. 신임 관리자 교육을 받으면서 팀원들과 일하는 방식을 재고했고 다른 신임 관리자들을 만나 아이디어와 조언을 구했다. 나와의 코칭 상담을 통해서는 감수성을 더 잘 통제하고 자신의 발전에 집중할 수 있게 됐다. 또한 마크를 비롯한 주변 사람들을 인정하고 칭찬하는 기술을 일상적으로 활용했다. 그러자 아직도 회의 때 신랄한 비판을 할 때가 있기는 했지만 마크의 태도가 달라지는 걸 느꼈다.

사내 문화 위원회에 들인 노력도 결실을 맺었다. 캐서린은 신입 사원 교육 때 제공할 아름답게 디자인한 환영 선물을 만드는 데 중요한 역할을 했고, 덕분에 대표에게 확실히 눈도장을 찍으면서 존재감을 키웠다. 캐서린은 직원들에게 멘토, 즉 영감을 주고 화합시키는 데 능한 상사로 자리매김했다. 이는 뜻밖의 난관도 극복할 수 있다는 자신감을 캐서린에게 심어줬다.

이제 캐서린은 베스에게 평가를 받고 마크를 평가하는 중간 인사 고과를 준비해야 했다. 인사 고과를 논할 때마다 캐서린은 불안을 감추지 못했지만, 다행히 베스는 캐서린을 전폭적으로 지지하는 상사였다. 다만 캐서린이 마크를 평가하려면 전반적인 태도 문제를 주제로 마크와 한 번은 대화를 나눠야 했다.

캐서린은 그동안의 노력을 평가받기 위해 지금까지 성취한 일을 목록으로 작성했다. 베스는 캐서린이 지난 6개월 동안 성장했다는 데 주목하면서 새로운 임무를 빠르고 성공적으로 수행한 부분에 높은 점수를 줬다. 자기 평가 시간이 되자 캐서린은 까다로운 직원들, 특히 마크를 다루는 능력은 개선이 필요하다고 보고했다. 베스는 작년에 웹사이트 공개 프로젝트를 진행할 때 일어난 일을 두고 마크와 대화를 나눈 적이 있는지 물었다. 캐서린은 업무 평가를 할 때 마크의 행동을 전반적으로 지적할 예정이라고 답했다. 특히 그전 날 마크가 함께 일한 팀원들의 이름을 보고서에 기록하지 않은 일을 문제 삼기로 했다. 마크가 주된 역할을 하기는 했지만 제품 팀의 팀원들 모두 상당한 도움을 줬으므로 공을 인정받을 자격이 있었다. 베스도 때를 놓치면 이 문제를 영영 지적하지 못하리라는 데 동의했다.

캐서린은 베스와 대화를 나누면서 마크를 계속 포용하는 동시에 대인 관계 기술을 개선하고 공동 작업에 더 노력을 기울여야 한다고 알려주는 것도 관리자의 역할임을 깨달았다. 또한 마크에 대한 업무 평가가 쉽지는 않겠지만 마크에게 단호히 의견을 밝히는 것은 캐서린의 성장과 발전에도 큰 도움이 될 터였다. 업무 평가가 초래할 온갖 상황을 떠올리니 예전처럼 감수성이 한껏 높아졌지만 캐서린은 혼란스러운 감정을 인지하고 억제할 수 있었다. 오히려 그 감정을 바탕으로 마크가 무안하지 않도록 이 상황을 매끄럽게 해결하겠다는 의지를 불태웠다.

캐서린이 그랬듯 여러분도 이 책을 통해 과거의 감정과 행동을 돌아보면서 세상을 다르게 살고 진정한 자아를 더 드러낼 방법을 찾았을 것이다. 예측 불가능한 직장 생활과 인간관계에 대처하려면 의견을 내고 자기주장을 할 수 있어야 한다. 지금까지는 속내를 털어놓고 감정이나 욕구, 신념을 확실히 밝히면 사납거나 불쾌한 사람으로 비치리라 믿었을 것이다. 그러나 적극적으로 의견을 표명하면 내 생각과 주장을 확신과 연민을 담아 드러낼 수 있다. 이를 위해서는 적극적 표현은 공격적이라고 믿는 사고방식에서 목표와 경계, 욕구를 분명히 표현하며 사는 것은 지극히 간단하고 자연스러운 일이라고 믿는 사고방식으로 꼭 바뀌어야 한다.

코칭 상담을 할 때 적극적 표현은 외부 세계에 자신감을 보여주고 야망과 내적 자아를 지지하는 삶을 살게 해주는 가장 중요한 기술 중 하나다. 연봉 인상이나 새로운 기회를 요구하든 상사와 성공적인 관계를 구축하든 가족 및 친구들과 한계를 정하든, 목표한 바를 이루려면 재치 있고 세련되게 목소리를 내는 법을 알아야 한다. 무엇보다 예민한 노력가 특유의 STRIVE 자질인 타고난 다정함과 배려심을 십분 활용하면서도 단호하게 자기 생각을 전하는 법을 배워야 한다.

의사소통의 세 가지 요소를 고려하라

적극적 태도로 말하고 행동하려면 연습하고 인식을 높이고 주기적으로 검토하는 과정을 거쳐야 한다. 시간이 걸리겠지만 일단 자신에게 맞는 수준의 적극성이 어느 정도인지 파악했다면 어떤 상황에서도 내 뜻을 제대로 전달할 의사소통법을 익히는 게 좋다. 다음은 메시지를 차분하고 분명하고 솔직하게 전달할 때 고려해야 할 소통의 세 가지 요소다.

• 행동

솔선수범하라. 감당할 수 없을 지경에 이르기 전에 문제를 직시하고 진취적인 해결책을 제시하라.

구체적으로 요구하라. 원하는 것을 밝히고 필요한 것을 요구하라. 남이 내 마음을 알아서 읽어주리란 기대는 하지 마라.

열린 마음으로 경청하라. 들은 내용을 요약해 제대로 이해했는지 확인하라(지금 하신 말씀이 … 맞나요?).

긍정적 행동은 칭찬하고 강조하라. 잘하고 있는 부분을 짚어주고 일이 잘 진행될 때는 그렇다고 언급을 해줘라.

• 메시지의 내용

미리 다섯 가지 요점을 적어라. 대화를 나누기 전에 하고 싶은 말을 핵심어 위주로 간략히 적어라.

'나'를 주어로 말하라. '나'로 시작하는 문장으로 말하라. 나는 …할 때 인정받지 못하는 기분이 듭니다. 내 반응은 …. 내 생각은 ….

확실하고 간결하게 말하라. 말을 줄일수록 메시지의 힘은 강해진다. 요점만 말하고 지나치게 세세한 사항이나 불필요한 설명은 빼라.

서두와 수식 어구를 빼라. '중요하지 않을 수도 있지만', '바보 같은 생각이라는 거 알지만', '제가 틀릴지도 모르지만', '… 때문에 기분 나쁘시지 않길 바랍니다' 등의 표현을 쓰면 전달하려는 메시지의 힘이 약해진다.

• 말하는 방식

차분한 어조와 침착한 억양을 유지하라. 상대방에게 잘 들리도록 크게 말하라. 침묵의 시간을 활용해 생각을 정리하고 상대방에게 내가 한 말을 이해하고 반응할 기회를 줘라.

균형 잡히고 똑바른 자세로 서거나 앉아라. 누군가가 정수리에 달린 줄을 잡아당기는 듯 몸을 꼿꼿이 펴라. 두 팔을 펴고 편하게 내린 자세로(팔짱을 끼거나 머리카락을 꼬지 말고) 시선을 계속 맞춰라.

상대의 신호에 적절히 대응하라. 상대의 몸짓 언어가 바뀌거나 언행이 일치하지 않는 순간에 주목하라. 내가 한 말에 놀란 것 같은가? 말로는 그렇다고 하면서 고개를 젓는가?

전후 사정을 살펴 현명한 선택을 하라. 메시지를 전할 시간과 방법(이메일, 대면, 통화, 다이렉트 메시지)을 고려하라.

적극적 표현의 본질은 나 자신을 존중해 나의 직감을 믿고 그에 따라 삶을 영위하는 것이다. 나에게 중요한 문제를 적극적으로 표현할 때마다 나의 바람이 중요하고 가치 있다고 인식은 더욱 강화된다.

시작하는 법

1. **시도하고 또 시도하라.** 처음 자기 생각을 밝힐 때는 말이 제대로 안 나오거나 타이밍이 맞지 않거나 경직될 수 있다. 그래도 포기하지 마라. 나중에 내 생각을 담은 이메일을 보내거나 생각을 정리해 다시 면담을 요청하는 등 의견을 낼 다른 기회를 잡아라.

2. **적절한 때를 기다리고 사람에 따라 방식을 바꿔라.** 누군가가 부정적 행동을 하면 한두 번은 지켜보다 그 행동이 반복되면 목소리를 내라. 상대에 따라 방식을 바꿔라. 무례하고 적대적인 사람을 대할 때는 다소 공격적으로, 상사와 대화할 때는 수동적이고 공손하게 의견을 내는 것이 좋다.

3. **잠시 생각할 시간을 가져라.** 대화 도중 분위기가 격해지면 정보를 처리할 시간을 요청하라.

4. **눈물이 나면 용감하게 대처하라.** 눈물은 감추려 애쓰기보다는 인정하는 게 좋다. "보다시피 제게는 워낙 중요한 문제라 감정이 격해지네요."

갈등 상황에 필요한 말하기

다음 상담 때 캐서린과 나는 소통의 세 가지 요소를 고려한 업무 평가를 통해 마크에게 적극적으로 의견을 전달할 전략을 짜기로 했다. 그전에 우선 캐서린의 사고방식을 살펴봐야 했다. 처음에 캐서린은 부정적 평가를 하면 마크가 업무 태만으로 앙갚음을 할지 모른다고 걱정했다. 그러나 의견을 밝히지 않으면 더 나쁜 결과를 초래해 오히려 마크에게 해가 될 터였다. 캐서린은 지금껏 자신이 마크에게 무엇을 기대하고 마크가 그 기대를 충족하지 못하면 어떤 결과가 따를지 명확히 밝힌 적이 없었다. 이로 인해 마크의 행동이 바뀌지 않는다면 팀 전체에 부정적 영향을 미칠 게 뻔했다.

먼저 메시지를 전달할 때 고려할 요소 중 하나인 '행동'과 관련해서는 중요한 회의가 끝난 다음으로 마크의 업무 평가 일정을 미뤘다. 가장 중요한 고객과 현재 작업 중인 일을 논하는 회의라 서두르고 싶지 않았다. 또한 마크와 자신 업무 평가 때 나눈 대화를 되새길 시간이 필요했다. 바뀐 업무 평가 일정을 알리는 이메일을 작성하면서 캐서린은 마크가 평가의 내용을 어느 정도 예상할 수 있도록 성취를 이룬 부분과 발전이 필요한 부분에 관해 이야기하리라는 내용을 말미에 덧붙였다.

'말'과 관련해서는 긍정적인 어조로 순조롭게 대화를 이어가기 위해 말할 내용을 글머리 기호를 달아 목록으로 정리했다. 드디어 마크와 마주앉은 캐서린은 먼저 약 20분 동안 메모한 내용을 참조하면서 마크가 팀에 기여한 부분을 강조하고 마크의 성취를 칭찬했다. 그런 뒤 개선할 부분을 짚기에 앞서 이렇게 말문을 열었다.

"나는 마크가 기술을 개발하고 직업적으로 성장할 수 있는 부분을 상사로서 짚어줘야 한다고 생각해요. 그러니 듣기 괴로울지도 모르지만 마크의 성장에 도움이 될 의견을 나누고 싶어요. 마크의 견해를 듣고 개선을 위한 실행 방안을 함께 짜고 싶기도 하고요." 캐서린은 자신의 수동적 태도가 문제의 일부 원인이었음을 인정하고 이렇게 덧붙였다. "내가 이 문제에 어떤 원인을 제공했는지, 어떻게 하면 앞으로 마크를 더 잘 지원할 수 있을지도 얘기해봐요."

다음으로 캐서린은 마크가 더 익혀야 할 두 가지 핵심 기술, 즉 대인 관계 기술과 협력 기술을 화제에 올렸다. 우선 두 기술이 협동 작업에 얼마나 필수적이고 회사에 중요한지 설명했다. 캐서린은 각각의 능력이 뜻하는 바와 세부 내용을 설명한 뒤 며칠 전에 발생한 일을 언급했다.

"보고서를 보니 마크의 이름만 실려 있더군요. 다음부터는 기여한 팀원의 이름이 누락되지 않도록 점검하는 단계를 업무 절차에 추가해줬으면 좋겠어요."

캐서린은 할 말을 마치고 경청할 자세로 마크에게 물었다.

"어떻게 생각해요?"

마크는 팔짱을 끼고 등받이에 비스듬히 기댄 자세로 캐서린을 쏘아보며 말했다. "글쎄요. 기분이 좋지는 않네요. 타당한 지적 같지 않아서요."

예전의 캐서린이었다면 방금 한 말을 철회하려 애쓰며 더듬거리거나 횡설수설했을 것이다. 그러나 이번에는 달랐다. 캐서린은 의견을 굽히지 않았고 상사로서의 권위를 다시 한 번 확고히 했다.

"이해해요. 하지만 나는 상사로서 각 팀원의 업무 실적을 최선을 다해 평가하고 개선의 여지가 있는 부분을 짚어줄 의무가 있어요. 마크도 부정적 평가가 유쾌하지는 않겠지만 내가 아까 설명한 업무상 기대치를 충족해야 하고요. 이제 구체적인 실행 방안을 의논해볼까요?"

마크는 코웃음을 치고는 시선을 돌렸고 캐서린은 계속 마크를 응시하며 답을 기다렸다. 잠시 침묵이 흐른 뒤 마크는 실행 방안은 생각할 시간이 필요하다고 중얼거리듯 답했다. 캐서린은 미리 계획한 대로 차분한 목소리를 유지하면서 알았으니 다음 일대일 면담 때 의견을 달라고 말했다. 마크가 문을 쾅 닫으면서 회의실을 나가자 캐서린은 안도의 한숨을 크게 내쉬었다.

아직 상황이 해결된 것도 아니고 마크와 타협에 이를지도 알 수 없었지만 긴장되는 상황에서도 평정심을 잃지 않고 자기주장을 굽히지 않은 자신이 자랑스러웠다. 또한 성공을 한 번 경험했으니 다음에 비슷한 상황이 닥치면 더 자신 있게 대처할 수 있을 것 같았다. 갈등은 피할 수 없다. 그러나 이제 캐서린은 갈등에 직면할 때마다 두려움에 떨지 않을 자신이 생겼다.

말하기 연습

겸손하게 자기를 드러내기

○ **나와 내 팀, 또는 둘 중 하나의 주요 성과를 기록한 월간 보고서를 보내라.** 실적을 수치화하고 추천서 등 사회적으로 칭찬을 받은 증거를 첨부하라.

○ **상사와의 일대일 면담에서 '성과'를 논하라.** 상사라면, 회의를 시작할 때 각자 지난주에 이룬 성과를 하나씩 공유하게 하라.

○ **인맥을 활용해 소문을 내라.** 멘토에게 조언을 구했다면 후에 조언을 실행한 방식을 멘토에게 알리거나, 잘한 일은 서로 소문을 내줄 친한 동료를 확보하라.

○ **전문 지식을 드러내라.** 직원들을 대상으로 점심을 겸한 강연을 주최하거나 신입 교육을 맡아 하라.

○ **회의 때 의견 내기.**

○ **일찍 도착하라.** 가벼운 대화로 친밀한 관계를 맺고 긴장을 풀 시간을 추가로 확보하라.

○ **처음 10분 안에 의견을 내라.** 회의 초반에 아이디어를 하나 내고 나면 마음의 여유가 생기고 긍정적 사고가 가능해진다.

○ **PREP의 순서대로 말하라.** 요점(point)을 간결하게 밝히고, 이유 (reason)와 근거(evidence)를 대고, 요점(point)을 다시 한 번 말

하라.

○ **추가 논의가 필요한 질문을 하라.** 일정표는 어떻게 짜면 좋을까요? 이 문제를 어떻게 접근하면 좋을까요?

친절하게 거절하기

○ **요청과 대응 사이에 시간 간격을 둬라.** 확답을 주기 전에 다음과 같이 말하라. 생각해보고 말씀드릴게요. 일정표 좀 확인할게요. 그 일을 실행할 방법부터 의논해보죠.

○ **대안을 제시하라.** 마감 시간이 불합리하다면 이렇게 말하라. 이 일을 하게 되서 기쁘지만 현실적으로 이 시간 안에는 ~을 할 수 있습니다. 이 일을 하려면 ~이 필요합니다.

○ **사과 대신 감사 표현을 하라.** '못 하게 돼서 죄송합니다'라고 하기보다 '절 찾아주셔서 감사합니다' 라고 하라.

○ **일자리나 연봉을 제안할 기회를 줘라.** 일정이 꽉 차서 점심을 먹기/커피를 마시기 어렵지만 함께 일할 기회가 있으면 좋겠습니다. 함께 일하면서 이 문제를 해결하도록 돕고 싶습니다. 합리적인 연봉에 대해 의논해봅시다.

연봉 인상이나 승진 요구하기

○ **힌트를 줘라.** 상사에게 목표를 미리 언급하라. 지금은 현재의 직무

를 훌륭히 수행하는 것이 최우선이지만 장기적 목표는 승진이니 목표를 이루도록 지지해주시기 바랍니다.

○ **상사가 원하는 바를 예상해 주도적으로 문제를 해결하라.** 상사의 우선시하는 일을 파악하라. 다소 어렵더라도 그 일에 영향을 미칠 수 있는 업무를 찾아서 하라.

○ **과거의 성과뿐 아니라 미래의 계획도 알려라.** 상사는 회사의 입장에서 나의 연봉 인상이나 승진의 투자 수익률이 얼마나 높을지 궁금할 것이다.

○ **거절당할 각오를 하라.** 거부당했다고 협상이 끝난 것은 아니다. 연봉을 높이기 위해 달성해야 할 목표를 찾아라.

평가를 세련되게 받아들이기

○ **방어 태세를 취하지 마라.** 부정적 평가를 듣고 기분이 상하고 화가 나더라도 심호흡을 하고 평가를 해줘 고맙다는 인사를 한 뒤 구체적 사례를 요청하라.

○ **질문을 미리 준비하라.** 나는 주로 다음의 두 질문을 추천한다. 잘한 일은 무엇인가요? 제가 다음에 해보면 좋을 일을 두 가지 제안해주실 수 있나요?

○ **평가를 받아들일 시간을 달라고 하라.** 걱정스러운 부분을 말씀해주셔서 감사합니다. 최선의 답을 드릴 수 있도록 생각을 정리하고 싶습니다. 다음 주에 다시 뵐 수 있을까요?

○ **평가를 분석하라.** 다음의 세 가지 측면에서 평가를 분석하라. 1. 들은 말(본인의 해석을 덧붙이지 않은 있는 그대로의 표현), 2. 평가의 잘못된 점(불만을 표현하기 위해), 3. 평가의 옳은 점(배울 점은 배우기 위해)

실전 연습

부정적 반응에 대처하기

여러분이 새로 찾은 능력을 발휘해 효과적으로 자기주장을 하면 대부분은 긍정적 반응을 보일 것이다. 그러나 그동안 과하게 순종적인 태도를 보였다면 기분 나빠하거나 화를 내는 사람들도 있을 것이다. 이번 장에서는 상대의 부정적 반응에 대처하는 법을 연습할 것이다.

실행 방법

1. **어떤 내용의 대화를 나눌지 정하라.** 내게 중요한 경계나 가치, 목표와 관련된 대화일 것이다.
2. **행동, 말, 말하는 방법의 개요를 잡아라.** 모든 상황을 예측할 수는 없지만 최대한 대비하라.
3. **대화를 나눠라!** 용기를 내 실행에 옮겨라.
4. **반발에 대처하라.** 대화가 과열되면 다음의 기법 중 하나를 써라.

   - 적극적 태도로 경청하라. 상대의 말을 있는 그대로 받아들이고 상대의 관점을 이해하려 노력하라. '회의가 진행되는 방식이 불만이신 것 같은데 맞나요?'라고 하거나 '제 의견을 어떻게 생각하시나요?', '제가 어떻게 도와드리면 좋을까요?' 같은 주관식 질문을 던져라.
   - 실행 가능한 타협안을 목표로 삼고 대안이나 해결책을 제시하라. 어떤 절충안이 있을까요? 어떻게 하면 우리 둘 다 만족할 수치를 얻을 수 있을까요?
   - 침묵을 활용하라. 캐서린이 마크에게 그랬듯, 상대가 완고하고 공격

성을 보이면 3~5초쯤 멈췄다가 대처하라.

- 공정하고 떳떳한 어조로 같은 말을 반복하라. 제가 지금 말하고 있잖아요. 그건 이 문제와 상관없어요. 그런 식으로 말하지 말아주세요.

5. **반추하라.** 대화를 마치고 나면 잘된 부분과 안된 부분, 앞으로 개선할 부분을 분석하라.

일시적 후퇴는 실패가 아니다

"잔잔한 바다에서는 평화를 찾지만
폭풍우가 치는 바다에서는 능력을 찾는다."

- 질 윈터스틴Jill Wintersteen

기조연설을 몇 주 앞두고 캐시(5장)는 연설을 하고 나면 사내 승진 사다리의 다음 단계로 단숨에 올라서리라는 희망에 한껏 부풀었다. 그럴 만도 했다. 연설문은 처음부터 다 새로 썼고 파워포인트 슬라이드도 멋지게 만들었다. 믿을 만한 동료 몇 명 앞에서 연습한 뒤 동료들의 평가를 바탕으로 발표 내용을 수정했고 관객들의 질문도 예상해뒀다. 무엇보다 설명이 장황하다는 평가가 나올지 모른다는 걱정을 잠재우기 위해 간결하게 말하는 연습도 열심히 했다.

　행사 당일, 캐시는 객석을 내다보며 심호흡을 한 뒤 연설을 시작했다. 단어 하나하나에서 캐시의 철저한 준비성과 침착성이 드러났고, 그레그는 연설을 마친 캐시에게 승진은 따 놓은 당상이라고 장담

했다. 캐시는 뛸 듯이 기뻤다.

6주 뒤 승진 발령이 난 캐시는 젊은 인재를 채용하는 업무는 위임하고 위험 부담이 크고 막중한 임원 영입에 집중했다. 캐시는 새 임무에 열정적으로 뛰어들었다. 어려운 일이었지만 그녀의 강점인 관계 형성 기술과 사람의 마음을 읽는 능력을 발휘할 기회였다. 두 달 뒤 캐시는 사업 개발부의 부사장으로 영입할 첫 번째 후보에게 공식적으로 입사 제안을 할 준비를 마쳤다. 지난 몇 주 동안 내부 인터뷰 및 회의를 진행한 끝에 첫 번째 후보가 입사 제안을 받으면 수락하겠는 신호를 보내왔기 때문이다. 첫 번째 후보가 부사장 자리에 적격이라는 확신을 얻은 캐시는 윗선을 설득해 후보가 원하는 액수보다 몇 천 달러 높은 연봉을 제시하기로 했다.

드디어 입사 제안을 하기 위해 수화기를 들 때만 해도 캐시는 들뜬 마음을 감추지 못했다. 불안한 조짐은 생각보다 심드렁한 후보의 목소리에서 처음 나타났다. 통화가 5분 만에 끝나자 캐시는 바쁠 때 전화한 게 분명하다고 애써 자위했다. 그러나 다음 날 아침, 입사 제안을 거절하는 이메일이 도착했고 캐시의 심장은 철렁 내려앉았다. 이후 일주일에 걸쳐 통화를 시도하고 이메일을 보냈지만 답은 없었다. 결국 캐시는 그레그와 경영진에 부사장 후보를 다시 물색해야 한다고 보고했다. 몇 달 전과는 달리 상황을 침착하게 받아들인 건 뿌듯했지만 제안을 받아들이리라 예상한 후보가 기대를 저버리자 캐시는 의기소침해졌다.

며칠 뒤, 마음을 다잡고 후보 명단을 새로 뽑고 있을 때 응급실에서 아내의 전화가 걸려 왔다. 물 묻은 욕실 바닥에서 미끄러져 발이 부러졌다고 했다. 아내는 4주 동안 깁스를 하고 난 뒤에도 4주 더 보행이 가능한 깁스를 하고 다녀야 했다. 운전이 불가능해 혼자서는 출퇴근을 할 수 없었고 집안일도 자기 몫을 할 수 없었다. 캐시는 그 주가 끝날 때까지 휴가를 내 아내를 돌보면서 매일 밤늦도록 회사 일을 했다. 피곤하고 평소보다 의욕이 훨씬 떨어졌지만 임원 채용 계획을 다시 정상 궤도에 올리려면 어쩔 수 없었다. 월요일 아침, 캐시는 아내를 병원에 데려다주면서 이메일 수신함을 빤히 노려봤다. 업무 진행 상황을 알려달라고 요청하는 이메일이 줄줄이 도착해 있었다. 게다가 의사는 아내가 당분간 발을 쓰게 해서는 안 된다고 신신당부했다.

상황은 걷잡을 수 없이 악화됐다. 승진한 후로 바라는 만큼 성과를 내지 못하고 있는 데다 해야 할 집안일은 산더미처럼 불어났다. 과도한 생각을 자제했음에도 캐시는 한동안 잊고 살았던 무력감과 좌절감을 다시 느꼈다. 눈앞에 거대한 장애물이 겹겹이 쌓여 있는 기분이었다.

여러분도 가정이나 직장에서 일시적으로 차질이 빚어져 궤도를 벗어날 때가 있을 것이다. 그럴 때는 이 책을 읽으면서 지금껏 이룬 성과들이이 수포로 돌아가고 후퇴하는 기분이 들 것이다. 두려워하지 마라. 지금까지 배운 기법들을 유연하고 창의적으로 적용하면 크든 작든, 내부 문제든 외부 문제든, 차질이 빚어진 근본 원인을 파악해 해결할 수 있다. 자기 자신에게 집중하겠다는 의지를 재확인하고

STRIVE 자질을 최대한 활용하면 어떤 뜻밖의 일이 닥쳐도 무사히 넘길 수 있다.

스스로를 책임지는 게 중요하다

걸림돌에 부딪치면 누구나 괴롭지만 예민한 노력가는 몸과 마음의 타고난 특성 때문에 다음처럼 어렵고 예기치 못한 상황이 닥쳤을 때 동반되는 내적 혼란에 특히 더 취약하다.

- 기대와 현실이 다를 때
- 의욕이 사라질 때
- 병에 걸리는 등 건강에 문제가 생겼을 때
- 직장과 가정의 일이 너무 많아져 정서적으로 지칠 때
- 경계가 느슨해져 너무 많은 부담을 질 때

이 책을 읽으면서 깨달았겠지만 성공적인 삶을 살기 위해서는 자신의 STRIVE 자질을 적극적으로 관리해야 하며 일시적인 후퇴를 딛고 일어설 때는 더더욱 그래야 한다. 후퇴의 원인을 분석하고 극복하는 체계가 필요하다는 걸 인정하고 나면, 극복이 한결 쉽게 느껴질 것이다. 사실 야망을 실현하고 위업을 달성하는 일은 원래 어렵다. 위험을 감수하고 자기주장을 하고 성공으로 향하는 자기만의 길을 개척하

다 보면 걸림돌에 부딪치는 게 당연하다. 판이 커지고 위험 부담이 커질수록 더 철저히 대비하면 좋겠지만, 모든 난관을 미리 예상해 피할 수는 없다.

따라서 발전을 계속 이어가려면 난관을 만나 공황 상태에 빠졌을 때 스스로를 책임지고 일으킬 수 있어야 한다. 다행히 지금까지 배운 기법들을 통합해 활용하면 누구나 난관을 딛고 일어설 수 있다.

그 방법을 알아보기 전에 한 가지 짚고 넘어갈 게 있다. 지금껏 둘을 늘 동일시했겠지만, 일시적 후퇴는 실패와 다르다. 실패는 달리 할 수 있는 일이 없을 때 수건을 던지며 항복하고 포기하는 것이다. 후퇴는 일시적으로 궤도에서 벗어났지만 집요함과 헌신의 불꽃은 사그라지지 않는 상태다. 따라서 효과적으로 대처하기만 하면 후퇴는 도약의 기회가 될 수 있다.

난관에 부딪칠 때

이 책은 장기적 변화와 지속적인 균형을 이루도록 돕는 데 초점이 맞춰져 있다. 그래서 간과하기 쉽지만, 살다 보면 제자리에 머물러 있는 것 같거나 상당한 진전을 이루다 교착 상태에 빠질 때가 있다. 전 세계에 퍼진 코로나19처럼 내 힘으로는 통제가 안 되는 상황이 갑자기 닥칠 수도 있다.

스스로를 믿는 법을 배우다 보면 분명 힘든 시기를 겪게 돼 있다.

이는 과학적으로도 입증됐으며 괜찮은 정도가 아니라 지극히 정상이다. 변화 곡선이라는 현상 때문이다. 경영이나 사업 교육을 받은 사람은 익히 들어봤을 변화 곡선은 예민한 노력가의 성장에도 적용되는 개념이다. 이 책의 기법을 활용해 스스로를 바꾸기 시작하면 일시적으로 의욕이 떨어질 것이다. 왜 그럴까? 바꾸기가 어렵기 때문이다! 게다가 사람의 기운은 변동성이 크며 자신감과 열정, 집중력을 흔드는 일은 반드시 벌어지게 돼 있다. 실천할 가치가 있는 행동을 하다 보면 의심과 혼란이 피어오르는 추락의 순간을 피할 수 없으며, 이상적인 자아를 실현하는 것보다 더 가치 있는 행동은 없다.

물론 자아실현의 여정에서 피할 수 없다 해도 변화 곡선은 분명 스트레스를 유발하는 불쾌한 경험이다. 특히 예민한 노력가는 진척이 잘 안 될 때 자신을 향한 분노와 짜증을 더 잘 느낀다. 정체기가 얼마나 오래 갈지 모르니 답답하거나 의구심이 들 수도 있고 심하게는 슬프거나 무기력해질 수도 있다. 자신이 뒷걸음질치는 것 같아 환멸감이나 실망감을 느끼고 있다면 변화 곡선의 3단계에 도달한 것이다. 그러나 3단계는 무언가가 이뤄지고 있는 단계다. 변화 곡선의 골짜기인 3단계에서 포기하는 사람이 많지만, 내 의뢰인들이 깨닫듯 이 시기를 겪고 나면 더 강인해지고 성장하며 새로운 기회를 잡을 수 있다.

새로 시작하라

예민한 노력가는 이런저런 이유로 변화 곡선을 탄다. 삶의 수준을 한 단계 끌어올리거나 뜻밖의 난관에 부딪쳤을 때는 특히 더 그렇다. 그러나 현실을 정확히 인지하고 계획적으로 행동하면 일시적 후퇴에 따르는 고통을 줄일 수 있다. 다시 목표를 향해 나아가겠다는 의지로 터널을 빠져나오려면 이 책에서 배운 기법을 총동원해 쉬고 반추하고 재정비한 뒤 다시 궤도에 올라야 한다. 다음을 활용해 슬럼프로 고통받기보다는 당당히 슬럼프를 극복하라.

휴식

정체기가 긍정적 경험이 될 수 있다고 말하기는 쉽지만 실제로 그렇게 믿기는 어렵다. 문제 상황에서 분리되기 전에는 일시적 후퇴로 인한 부정적 감정에서 벗어나려는 시도조차 하기 힘들다. 일단 문제 상황과 거리를 둬야 신경계가 안정돼 관점을 바꿀 수 있다.

현실을 직시한다. 감정에 휘둘린 반응과 행동을 하지 않도록 내면의 중심을 찾고 감정을 객관적으로 바라보는 기법(4장)을 되새겨라. 일시적 후퇴가 초래한 마음의 상처와 실망감, 당혹감을 있는 그대로 받아들여라. 아직은 한 가닥 희망을 찾는 데 집중할 필요가 없다.

생각을 관리한다. 일시적 후퇴가 얼마나 오래 지속될지 모른다 해

233

도, 생각 일기를 쓰면 파괴적인 자기 대화를 바로 멈출 수 있다. 힘든 이 순간을 끝으로 보지 말고, 도중에 일어난 하나의 사건으로 봐라. 다음에는 무슨 일이 일어나면 좋겠는가? 이 순간이 내 삶의 주인공이 되는 여정의 중립점이나 전환점이었다면 어떤 계기로 그 사실이 드러날 것 같은가?

반추

여러분은 이 책을 처음 고른 뒤 먼 길을 걸어왔다. 이제 어려운 일도 해낼 수 있다는 자신감과 애초에 이 책을 고른 이유, 즉 자기 방해가 아닌 자기 신뢰의 삶을 향한 의지를 되새길 차례다. 그동안 성공했던 경험을 목록으로 작성해 돌아봐라. 지금까지 쌓은 내면의 힘과 자신감을 원동력 삼아 슬럼프를 극복하고 터널의 끝으로 나아가라.

허가서를 수정한다. 실수하거나 휴식을 취하거나 덜 생산적으로 일하는 등의 행동을 몇 번이고 반복할 자유를 스스로에게 허락하라. 3장에서 작성한 허가서를 꺼내 볼 적기는 바로 지금이다. 처음 허가서에 입력한 방식을 고집하지 말고 새로운 방식을 고민해도 된다.

직감에 귀를 기울인다. 지금까지의 여정에서 얻은 분별력으로 주어진 정보를 분석하고 예기치 못한 일은 늘 발생한다는 진리를 받아들여라. 직감을 바탕으로 지금 이 순간 나에게 가장 좋은 선택을 하고, 즉각적인 결과를 얻지 못하더라도 그 선택을 믿어라.

핵심 가치를 되새긴다. 이 책에서 규정한 핵심 가치를 고수하고 슬럼프를 극복할 지침으로 삼아라. 핵심 가치를 구현하는 방식에 문제가 있었을 뿐, 잠시 후퇴했다고 자아의 본질까지 바꿀 필요는 없다. 핵심 가치를 실현해 STRIVE 자질의 균형을 이룰 새로운 방법을 찾아라.

재정비

목표에 계속 매진하되 접근법은 유연하게 바꿀 수 있다. 반추하면서 어떤 방식이 효과가 있고 없는지 깨달았을 것이다. 그 깨달음을 바탕으로 한 걸음 더 나아가라. 그냥 차분히 현재 상태를 유지해도 된다. 무조건 앞으로 나아가거나 밀어붙일 필요는 없다. 그러나 바꾸고 싶다면 이제 스스로에게 도움이 되며 자신의 핵심 가치에 부합하는 대처 방식을 정할 기술이 생겼으니 그 기술을 활용하라.

목표에 다시 매진하거나 새 목표를 세운다. 변화 곡선의 밑바닥에서는 뜻밖의 정보나 사건, 평가를 바탕으로 목표를 재점검할 필요가 있다. 전념할 목표, 도전적 목표, 완전한 목표(9장)를 정하는 3단계 목표 체계를 이용해 달라진 상황에 맞춰 목표를 수정하거나 바꿔라.

경계를 강화하거나 다시 세운다. 경계(7장)를 어떻게 수정하거나 바꿀지 정하라. 내게 도움이 되지만 뜻하지 않게 허물어진 경계를 재천명해야 하는가? 지금 이 상황에는 다른 경계가 더 잘 맞을 것 같은가? 경계는 타인의 접근을 막기 위해서가 아니라 지속 가능한 한계를 설정함으로써 심신의 에너지를 아끼기 위해 존재하는 것임을 잊지 마라.

완전히 새로운 선택을 한다. 진정으로 원하는 것을 파악했다고 믿었는데 일이 계획대로 풀리지 않았다면(직장에서 새로운 임무를 맡았는데 나와 잘 맞지 않다거나 공동 작업 공간에서 일하기 시작했는데 너무 무질서한 경우) 원하는 것을 다시 분석해 재도전하라. 또는 나에 대해 새롭게 얻은 지식을 바탕으로 내 성격과 잘 맞는 일을 고르는 완전히 다른 선택을 하라.

지금까지 살펴본 것들은 일시적 후퇴를 보다 빨리, 덜 고통스럽게 극복하는 데 도움이 되지만 완전히 회복하기까지는 생각보다 더 오랜 시간이 걸릴 수 있다. 그러니 지금 처한 상황과 자기 자신을 대할 때 인내심을 가져라. 목적의식이 아무리 강해도 수십 년간 유지해온 습관적 사고와 행동을 단기간에 없앨 수는 없으며 인생의 모호성과 불확실성을 완벽히 통제하는 것도 불가능하다. 그러나 이 과정을 믿고 필요한 만큼 반복하면 분명 터널 끝에 도달할 것이다.

시작하는 법

1. **잠시 멈춰 시간을 가져라.** 기분이 자꾸 가라앉으면 이렇게 물어라. 나는 배가 고픈가, 화가 나는가, 외로운가, 피곤한가? 답이 나오면 해당 욕구를 충족시켜라. 간식을 먹거나 친구에게 전화를 걸거나 낮잠을 자라. 예민한 노력가는 남들보다 에너지 변화에 더 취약하므로 신경계의 에너지가 고갈되면 심신이 더 강하게 반응한다.

2. **주변을 돌아봐라.** 카페에서 줄을 서서 주문할 때 뒷사람에게 커피를 사주거나 이웃 노인의 장 본 짐을 대신 들어줘라. 또는 내면에서 빠져나와 주변 세상에 집중하는 걷기 명상, 즉 의식 산책을 하라.

3. **배운 점을 목록으로 정리하라.** 같은 일을 다시 한다면 무엇을 다르게 하겠는가? '했어야 하는데-했을 텐데-할 수 있었을 텐데'는 일시적 후퇴를 겪으며 얻은 교훈이므로 과거에 연연하는 것과는 다르다.

다음 단계를 위한 재정비

다음 상담 때 캐시는 정신없는 한 주를 보내느라 스트레스가 심해 보였다. 날마다 일찍 출근해 부사장 자리에 영입할 새로운 후보를 찾았고 개인 업무를 마무리할 여유도 없이도 서둘러 사무실을 나와 퇴근하는 아내를 데리러 가야 했다. 집에 도착하면 청소와 요리, 세탁을 비롯해 온갖 집안일을 처리해야 했다. 아내의 상태는 점점 호전됐지만 아직 6주는 더 도움이 필요했고, 캐시는 가정과 직장에서 예전의 활기를 되찾고 싶었다.

각각의 상황을 돌아보면서 캐시는 첫 번째 후보가 영입 제안을 거절한 일에 대해 아무도 자신을 탓하지 않는다는 점을 되새겼다. 그레그는 임원 영입은 캐시의 이전 업무보다 훨씬 복잡하며 앞으로 차차 요령을 터득할 것이라고 캐시를 위로했다. 그럼에도 캐시는 일정표를 보며 패닉 상태에 빠졌다. 시간이 턱없이 부족한데 해야 할 일을 모두 잘 처리할 수 있을지 너무 걱정됐다.

이번 상담은 두려움을 털어내고 처음 승진했을 때의 흥분과 자신감을 되살리는 것을 목표로 삼았다. 또 다른 목표는 앞으로 할 일에 대비해 휴식을 취하는 것이었다. 그 주 주말에 캐시는 숙면을 취하고 포장 음식으로 끼니를 때우고 디지털 기기를 멀리하며 머리를 식혔다. 며칠 동안 푹 자면서 지난 두 주를 돌아본 캐시는 자신이 지속 불가능한 일정을 소화하고 있었음을 확실히 깨달았다. 캐시는 지금껏 어떤 문제 상황이 닥쳐도 훌륭히 처리해냈고 그 능력을 자랑스럽게 여겼다. 그러나 한 걸음 물러나 조망하니 혼자 모든 일을 해내려 애쓰지 않고 도움을 청해도 될 자유를 스스로에게 허락하지 않고 있었다.

재정비를 위해 캐시는 아내를 매일 집에 데려오는 일을 아내의 어머니에게 부탁하기로 했다. 덕분에 캐시는 서둘러 퇴근할 필요 없이 차분히 임원 후보를 검색할 수 있었다. 또한 식료품 배달 서비스와 세탁 대행 서비스를 이용하고 일주일에 몇 번은 배달 음식으로 저녁을 해결해 요리와 청소의 부담을 덜기로 아내와 합의했다. 전에는 도움을 거부했지만 도움을 받지 않으면 캐시의 핵심 가치인 '집중'과 '겸손'을 구현할 수 없었다.

또한 캐시는 첫 영입 업무가 실패한 이유를 분석하기로 했다. 수요일에 그레그와 함께 왜 후보를 놓쳤는지 사후 분석을 한 캐시는 후보를 찾는 절차를 개선할 계획을 짰다. 후보의 결정을 기분 나쁘게 받아들이지 않기로 경계를 정하고 일이 틀어질 때 의논할 사람이 그레그 말고도 더 필요하다는 결론도 내렸다. 아내의 발이 다 낫자 캐시는 직장에서의 문제와 문제 해결 방안을 의논하며 도움을 얻기 위해 여성 인사 담당자를 위한 단체에 가입했다.

승진한 지 1년이 지난 지금 캐시는 새로운 환경에 완벽히 적응했다. 드디어 영입에 성공한 두 번째 후보는 회사에 매우 적합한 인물이었다. 사소한 실수를 몇 번 하긴 했지만 캐시는 이제 내적으로든 외적으로든 일시적 후퇴를 쉽게 극복할 수 있었다. 일이 지연될 때마다 STRIVE 자질의 균형을 유지하는 도구들을 다시 활용한 덕분이었다. 일시적 후퇴를 극복한 경험과 그로부터 얻은 교훈을 잊지 않도록 '발전이 필요한 부분'이라고 이름 붙인 일지를 컴퓨터로 작성하기도 했다.

실전 연습

성장의 다음 단계를 향해

STRIVE 자질의 균형을 잡는 일은 지속적으로 해야 할 삶의 과제다. 그러니 일시적 후퇴는 성장의 다음 단계를 고찰할 기회로 삼아라. 이제는 거의 항상 균형을 잘 유지하게 되었더라도, 마지막 실전 연습을 통해 보다 나은 내가 되는 법을 찾길 바란다.

실행 방법

1. **과거의 일시적 후퇴를 돌아봐라.** 균형의 바퀴를 작성한 뒤로 겪었던 일시적이거나 진행 중인 슬럼프를 떠올려라. 어떤 감정과 생각이 들고 어떻게 반응했는가? 그때의 상황을 염두에 두고 세 번째 균형의 바퀴를 완성하라.

2. **성과에 주목하라. 균형의 바퀴를 두고 비교하라.** 긍정적 변화에 주목하라. 점수가 오른 영역은 무엇인가? 어떤 부분이 개선됐는가? STRIVE 자질 중 어떤 자질이 전보다 더 균형이 잡혔는가?

3. **다음 목표를 찾아라.** 일시적 후퇴로 인해 어떤 STRIVE 자질이 균형을 잃었는지 살펴봐라. 반복되는 패턴이 보이고 이를 해결하기 위한 다음 목표를 세울 수 있을 것이다.

4. **실행 방안을 계획하라.** 이번 장에서 살펴봤듯 나 자신에 집중하고 목표에 다시 매진하면 일시적 후퇴를 극복할 수 있다. 그러니 성장의 다음 단계로 나아가기 위한 실행 방안을 목록으로 작성하라.

에필로그

"자신의 가치를 의심할 이유는 늘 존재한다. 문제는
의심의 길을 걷다 문득 뒤돌아 나올 힘이 자신에게 있음을
깨닫기까지 얼마나 오랫동안 자신을 방치하느냐다."

_세라 버렐리스Sara Bareilles

드디어 이 책의 마지막 페이지에 도달했다. 지금까지 무한한 헌신과 노력을 쏟은 여러분은 칭찬받을 자격이 있다. 매 순간 자신을 믿고 지지한 여러분이 자랑스럽다.

프롤로그에서 나는 독자들이 자기 회의를 멈추고 자기 삶의 주인이 되며 진정한 성공의 의미를 되찾길 바란다고 했다. 이 책을 통해 여러분이 예민한 노력의 에너지를 강점으로 승화해 이 세상을 보다 수월하게 살아낼 자신감을 찾았길 빈다.

처음에 이 책을 출간하자고 했을 때 몇몇 출판사는 내 제안을 거절했다. 예민하다는 정의에 부합하는 사람이 그리 많지 않으며 그들조차 자신의 예민함을 부정적으로 볼 거라는 이유 때문이었다. 그러

나 내가 예민함에 관해 이야기할수록 예민한 노력가의 목소리는 점점 커지고 있다. 나는 스탠퍼드 대학교와 월마트, 애드위크에서 강연했고, 페이스북과 아이비엠, 넷플릭스, 구글 등에서 관리자와 임원들을 코칭하고 있다. 또한 우리 홈페이지의 예민한 노력가 커뮤니티는 날마다 회원이 늘고 있다. 이 사실을 밝힌 건 두 가지 이유 때문이다.

첫째, 여러분은 혼자가 아니며 둘째, 본연의 모습 그대로 삶의 주인이 되는 것이 어느 때보다 중요한 시기임을 강조하기 위해서다. 에필로그를 쓰는 지금 우리 사회는 끝이 좀처럼 보이지 않는 세계 경기 침체와 기록적인 실업률, 불확실한 기업 환경에 직면해 있다. 예민한 노력가들은 거대한 도전을 앞둔 이 어려운 시기를 극복하는 데 중요한 역할을 할 것이다. 세상은 여러분과 같은 사람, 즉 타고난 독창성과 공감 능력, 추진력으로 긍정적 영향력을 미치는 인재를 간절히 필요로 한다. 여러분의 예민함과 야망은 더없이 훌륭한 재능이 되어 빛을 발할 테니, 남김없이 그 재능을 발휘하라.

물론 예민한 노력가의 가치를 아직 알아보지 못하는 회사도 분명 있다. 최근 들어 기업 내 다양성과 포용성이 전보다 크게 높아지기는 했으나, 기질적으로나 신경학적으로 남다른 사람들의 능력을 온전히 인정하고 활용하기까지는 아직 갈 길이 멀다. 기업들은 예민한 노력가가 과소평가된 최고의 인적 자산임을 이제 막 깨닫기 시작했다. 여러분의 자질을 있는 그대로 드러내고 떳떳하게 인정과 존중을 요구해야 할 때는 바로 지금이다. 적극적으로 목소리를 내라. 다름을 자랑스럽게 여기고 저마다 다른 소질을 기꺼이 포용하는 직장 환경을 구축하는 변화의 물결에 동참하라.

이 책의 기법들은 인생의 목표와 단계가 진화하면서 좋을 때든 나쁠 때든 필요하면 언제든 활용할 수 있도록 고안되었다. 어차피 스스로를 믿는 것은 통과하면 끝나는 결승선이 아니라 평생 지속되는 과정이다. 이 책의 개념이 잘 이해되지 않으면 한두 주 뒤에 다시 봐라. 어떤 변화는 자리 잡기까지 시간이 걸릴 것이다. 그럴 때도 스스로를 포기하지 마라. 또한 경험을 기록하는 일기장을 주기적으로 꺼내 이 책의 실전 연습 활동을 하라. 진전을 이룬 부분과 새롭게 얻은 통찰을 돌아보며 얼마나 발전했고 얼마나 현명해졌는지 되새겨라.

무엇보다 지금까지 이 책을 통해 여러분이 이뤄낸 거대한 변화를 축하하라. 함께 걸으며 길잡이가 될 기회를 준 독자들에게 깊은 감사의 뜻을 전한다. 이 마지막 페이지가 앞으로 펼쳐질 여러분의 인생과 경력에 새로운 도약대가 되길 바란다. 여러분은 이미 모든 걸 갖추고 있다. 이제 남은 일은 스스로를 믿는 것뿐이다.

옮긴이 백지선

이화여자대학교 영어영문학과를 졸업하였다. KBS, EBS, 케이블 채널에서 다큐, 애니메이션, 외화를 번역하다가 글밥 아카데미 수료 후 현재 바른번역 소속 번역가로 활동 중이다. 옮긴 책으로는 《어떻게 공부할지 막막한 너에게》, 《부의 원천》, 《게팅 하이》, 《온 파이어》, 《시간을 내 편으로 만들라》, 《내 아이를 위한 완벽한 교육법》, 《이기적인 아이 항복하는 부모》, 《무엇이 평범한 그들을 최고로 만들었을까》 등이 있다.

예민함이 너의 무기다

초판 1쇄 발행 2022년 11월 23일
초판 2쇄 발행 2023년 7월 25일

지은이 멜로디 와일딩
옮긴이 백지선
펴낸이 이승현

출판1 본부장 한수미
와이즈 팀장 장보라
편집 김혜영
디자인 형태와내용사이

펴낸곳 ㈜위즈덤하우스 **출판등록** 2000년 5월 23일 제13-1071호
주소 서울특별시 마포구 양화로 19 합정오피스빌딩 17층
전화 02) 2179-5600 **홈페이지** www.wisdomhouse.co.kr

ⓒ 멜로디 와일딩, 2022

ISBN 979-11-6812-508-7 03190